Inhalt

* Zum Geleit 7
* Entwicklung der Erde 13
* Sehnsucht nach "zu Hause" 18
* Freude, Lachen, Leichtigkeit I 27
* Befreiung von Schuldgefühlen 32
* Die Kraft der Selbstermächtigung 39
* Kommunikation mit der feinstofflichen Welt 45
* Freude, Lachen, Leichtigkeit II 49
* Zeiten der Wandlung 52
* Die Stimme des Herzens 60
* Übergänge 67
* Erwachsen werden 77
* Das Geschenk der Natur an die Menschen 84
* Kontakt zu dem Göttlichen in dir 90
* Das Auge des Horus 100
* Die Freiheit des Lesers 106
* Verantwortung 112
* Jenseits der Trennung 120
* Freiheit und Abhängigkeit 128
* Gebt euch zu erkennen, Lichtarbeiter 142
* Eure Lernerfahrungen auf dem Planeten Erde 151
* Ehrlichkeit und Wahrhaftigkeit 162
* Krieg und Frieden 172
* Die Energie hinter den Worten 185
* Über die Autorin 192

Erklärung zum Verständnis des Buches

Liebe Leserin, lieber Leser!

Ich bin von den Wesenheiten von Andromeda gebeten worden, meine irdischen Erfahrungen und Erlebnisse als Ausgleich zu den Informationen aus ihrer nicht-dualen Welt, einer Existenz in bedingungsloser Liebe, hinzuzufügen.

Eine Vereinigung des Himmels und der Erde in der Energie der bedingungslosen Liebe ist ihnen, wie auch mir, ein zentrales Anliegen.

So habe ich sie an einigen übermittelten Texten meine Sichtweisen und Erlebnisse in kursiv gedruckter Schrift hinzugefügt.

Wiederholungen in diesem Buch sind beabsichtigt und mir so übermittelt worden, um verschiedene Energien zu vervollständigen, zu manifestieren und Sie, liebe Leserin und lieber Leser, damit in Kontakt zu halten.

Ich wünsche Ihnen viel Freude mit diesem Buch.

Mögen diese Botschaften Sie bereichern und berühren und Sie sich der Welt der Energien und der bedingungslosen Liebe öffnen.

Barbara Vödisch

Zum Geleit

Verwirrung ist notwendig, um sich aus ihr zu lösen, um in Bereiche neuer unendlicher Klarheit einzutreten, um eure bisher bekannten Spuren, eure bisher bekannten Wege, gekannten Wahrnehmungen zu erweitern, zu sprengen, um einzutreten in eine andere Dimension. Wir werden euch begleiten, euch an die Hand nehmen, mit euch gehen durch dieses Labyrinth, das euch manchmal erscheint wie Verirrungen und Verwirrungen und euch leitet in einen neuen Bereich, in einen neuen Raum, der Klarheit, der Reinheit, der Freiheit, in einen neuen Raum unendlichen Seins.

In den letzten Jahren haben sich die Energien um ein Vielfaches beschleunigt - um in der Sprache eurer Dimension, der Dualität, zu sprechen. Die Zeit wird schneller und es ist notwendig für viele Menschen, für euch Menschen als Kollektiv, eure Energien, eure Erfahrungen und eure Entwicklung zu beschleunigen auf dem Weg zu eurem göttlichen Selbst, zu eurem göttlichen Sein.

Die Zeiten, lange zu warten, Angst zu haben, sich klein zu machen und eure göttliche Macht nicht anzunehmen,, sind nun wirklich vorbei. Denn welcher Schmerz, auch wenn er euch nicht bewußt und nicht offensichtlich ist, ist so groß wie das Entferntsein von eurer göttlichen Essenz.

Ihr habt euch damit arrangiert, denn ihr seid von Pseudosicherheiten im Außen umgeben. Wie oft aber merkt ihr, daß diese eure Seele und euer inneres Gewahrsein nicht wirklich füllen können, wenn ihr nicht die Schönheit, die Unendlichkeit und das Vollkommene in euch seht. Es sind so viele Ablenkungen in eurem Leben, so vieles, was euch äußerlich scheinbar Frieden und Sicherheit gibt, doch letztendlich sind da sehr viel Trauer und sehr viel Schmerz, von euch selbst und eurer inneren und äußeren Natur so abgeschnitten zu sein.

Wir möchten euch mit diesem Buch helfen und euch führen zu dem, das ihr seid, zu der Liebe in eurem Herzen, zu der Erkenntnis, daß ihr Lichtwesen seid. Wie ich schon erwähnte, befindet ihr euch in einer ganz entscheidenden und wichtigen Zeit und die Geschehnisse beschleunigen sich. Es ist keine Zeit mehr zu warten. Es ist Zeit zu handeln.

Es ist Zeit, euch selbst und das Leben anzunehmen und zu lieben, und vor allen Dingen Zeit, eure eigene Macht zu erkennen; eure Verantwortung und die unendliche Fähigkeit, zu erschaffen und zu zerstören. Es ist die Fähigkeit, das Göttliche auf der Erde zu manifestieren.

Wir möchten euch über diese Geschehnisse aufklären und euch wichtige Hinweise geben. Wir möchten euch aufrütteln, wir möchten euch in Liebe umhüllen, und wir möchten euch Weggefährten sein in dieser bedeutenden Zeit.

Eure Initiative, eure Entscheidung und eure wahre Macht und Liebe sind in dieser Zeit gefragt. Pioniere, Mutige und Liebende, wir sprechen zu euch. Wir möchten mit euch Hand in Hand arbeiten, euch unterstützen. Wir freuen uns auf diese Zusammenarbeit, denn es ist Zeit! Es ist Zeit, daß ihr eure göttliche Macht und euer göttliches Selbst und die Liebe zu allem, was ist, in euch aktiviert und erkennt.

Die Erde und die Menschheit brauchen einen großen Wandel. Einen Wandel der Energien, einen Sprung in eine andere Dimension; Brücken der diesseitigen und jenseitigen Welt, Überwindung von Trennung, die niemals wirklich existiert hat. Ihr seid wir, und wir sind ihr. Alles ist in allem enthalten. Die Zeit eurer Dualität geht langsam zu Ende. Wie ihr wißt, ist ein Quantensprung erforderlich -. Um diesen Sprung, diesen Polsprung, diesen Dimensionswechsel vorzunehmen, bedarf es einer inneren Vorbereitung. Was glaubt ihr, warum immer mehr Bücher, immer mehr Übermittlungen zu diesen Themen erscheinen?

Weil irgendwelche Leute sich irgendetwas einbilden - weil sich irgendjemand wichtig tun will, weil es eine Form der Unterhaltung ist, eine Form, mit Gefühlen zu spielen?

Sicherlich kann dies ein Aspekt sein, doch möchten wir in aller Ausdrücklichkeit erklären: Die Essenz dieser Informationen stimmt. Es gibt keine Frage, diese Veränderungen finden schon jetzt statt und werden weiterhin stattfinden.

Euer Leben auf der Erde wird sich mehr und mehr verändern, und diese Informationen, die zu euch durchdringen, möchten euch vorbereiten, euch aufwecken, möchten euch Mut machen, euch verstärkt auf eure Kräfte, auf die Kräfte des Göttlichen tief in euch selbst zu besinnen, damit ihr ausgerüstet seid, diesen Wechsel Schritt für Schritt stattfinden zu lassen. Und wenn ihr offen seid, werdet ihr sehen, daß immer mehr Informationen dieser Art zu euch kommen werden. Sie mögen in der äußeren Form unterschiedlich sein, doch die Inhalte sind dieselben. Was feststeht und ihr schon fühlen könnt, ist eine beschleunigte Energie, eine Dringlichkeit, eine Energie, die schnell alles auf den Punkt bringt, es zu seinem Ursprung führt und auf das Notwendigste reduziert. Es ist die Energie, die verhindert, daß ihr in Altem verweilen und verharren könnt. Es ist die Energie, die euch zwingt, alles Überflüssige loszulassen und euch an euer wahres Sein zu erinnern. Informationen, die sich ähneln, Informationen, die sich häufen, sind Zeichen – Zeichen, euch zu bestätigen, euch zu begleiten und euch zu stärken für die kommenden und bereits bestehenden Aufgaben. Menschen, die diese Informationen - und nicht nur unsere Informationen sind gemeint, sondern auch solche, die in dieselbe Richtung gehen wie die unsere – erhalten, sind aufgerufen. Besonders ihr seid gefragt. Ihr werdet vorbereitet auf die kommenden Aufgaben, ihr seid die Helfer, die Schöpfer der kommenden Zeit, wie auch der jetzigen. Ihr habt die Aufgabe, euer Wissen und euer Sein in dieser Welt zu verbreiten. Ihr seid Multiplikatoren, von euch aus sollen die Energie der Freiheit und die Besinnung auf das Wesentliche erstrahlen, so daß sich viele andere Menschen erinnern können, um ihre Aufgaben anzunehmen und an das Göttliche in allem, was ist, zu glauben; um das Göttliche in allem, was ist, zu sehen und zu erkennen, daß ihr reine Lichtwesen seid. Nichts, was ist, existiert wirklich. Es sind eure Projektionen, es sind eure Bilder, eine Realität, die Illusion ist. –

Und vieles von dem, was ihr für Realität haltet, ist weiter von der Wahrheit entfernt als das, was ihr als Illusion bezeichnet. Letztendlich seid ihr ein göttlicher Funke, der in allen Welten, in allen Dimensionen und letztendlich nur in sich zu Hause ist. Auch Lichtwesen, auch nicht inkarnierte Wesenheiten und deren Welten sind letztendlich Illusion, sind letztendlich Projektion. Es existieren einzig und allein der göttliche Funke und die göttliche Quelle. *Nichts ist getrennt voneinander, und genau das ist unsere Botschaft.* Wir sind nicht getrennt von euch, ihr seid nicht getrennt von uns. Alles ist miteinander verbunden und so, wie ihr Menschen Hand in Hand arbeitet und euch helft, so ist es unsere Aufgabe, euch zu helfen und mit euch zu gehen. Es ist nicht anders, als wenn ein Freund auf der Erde euch hilft und ihr einem Freund auf der Erde. Genauso verhält es sich mit uns und allen anderen Wesenheiten. Wir sind Partner, die in Austausch stehen, die einander helfen und begleiten können. Nur weil die meisten von euch uns nicht sehen, heißt es nicht, daß wir nicht existieren. Nur weil ihr uns und viele andere Wesenheiten nicht seht, heißt es nicht, daß auch sie nicht existieren.

Wir sind und waren Partner zu dieser und zu jeder anderen Zeit. Wir profitieren von uns, ihr von euch und wir von euch und ihr von uns. Es gibt diese Trennungen nicht. Wir profitieren von euren Erfahrungen in Form und ihr profitiert von unseren Erfahrungen im Formlosen. Wie dem auch sei, ob ihr uns glaubt oder nicht, es ist Zeit, und es ist keine Zeit, letztendlich ist alles vollkommen, letztendlich gibt es keine Beschränkungen und keinen Schmerz. Doch auf der Ebene, in der ihr existiert, haltet ihr diese Dinge für real, und weil ihr sie für Realität haltet, müßt ihr sie erdulden und erleben. Wenn ihr diese Realität sprengt und erkennt, daß sie Illusion ist, so wie vieles Illusion ist, so hat es seine Energie verloren.

Menschen der Erde, steht auf, erhebt euch im Gewahrsein eurer Selbst, im Gewahrsein dessen, was ihr zu tun habt, im Gewahrsein dessen, was ihr seid.

Ihr werdet euch fragen, was ist meine Aufgabe, was habe ich zu tun in dieser Welt zu dieser Zeit? Und vielleicht gibt es Zweifel, vielleicht gibt es Fragen: Wie soll ich wissen, was ich zu tun habe? Wie soll ich wissen, was meine Aufgabe ist? Und wir antworten dir: Die Antwort kennst du. - Und wenn du in dich hineinfühlst, und wenn du dich öffnest und bittest, deine Aufgabe zu finden, dann wirst du sie finden. Eure letztendliche Aufgabe ist es, dem Göttlichen und eurer Seele zu dienen. Doch für die Illusion dieses Lebens, für die Illusion dieser Existenz vorgeschoben, gibt es verschiedene individuelle Aufgaben, die von euren Vorleben und eurem karmischen Ablauf abhängig sind. Einige, wie ihr wißt, sind nur inkarniert, um Hilfe im menschlichen Körper zu dieser Zeit zu sein und um eurer Erde und eurer Welt Frieden, Liebe und Unendlichkeit zu bringen.

Es ist die Zeit, die Dualität, das Getrenntsein, zu überwinden und zu einem einzigen Sein zu werden, in dem diese Trennung nicht existiert, die Dimension des All–Einssein, und was für die Arbeit und das Anliegen auf der Erde gilt, gilt auch für die Vereinigung, das Aufheben der Trennung zwischen allen Ebenen der Lichtwesen, zwischen allen Bereichen der nichtstofflichen und stofflichen Welt – nämlich dort eine Vereinigung, ein Einssein herzustellen, damit wir eines Tages in allen Teilen von Projektion, sei es in der feinstofflichen oder in der grobstofflichen Welt, zur Quelle zurückkehren. Denn auch wir sind nicht letztendlich vollkommen, sind nicht vollkommen zurückgeführt und zurückgekehrt zur göttlichen Quelle. Wir sind uns unserer göttlichen Quelle bewußt, und wir existieren in einem Zustand bedingungsloser Liebe, doch der letztendliche Schritt zur allerletzten Quelle ist auch von uns noch nicht vollzogen.

Alle Wesen, die zu euch sprechen, auch wenn sie aus einem Bewußtsein des Einsseins und der bedingungslosen Liebe sprechen - die letztendliche Quelle sind sie nicht. Wir sind dem sehr nah, und trotzdem, seid euch bewußt, wir haben gewisse Aspekte noch nicht integriert, auch wenn es sich auf einer anderen Schwingungsebene als bei euch vollzieht. Es ist also nicht nur die Aufgabe von euch Menschen und der Energie auf eurer Erde, euch aus dem Getrenntsein zu erheben und euch mit der göttlichen Quelle zu verbinden.

*****

Entwicklung der Erde

Andon Andromeda

In uns ist große Freude. Die Freude, euch begegnen zu dürfen und zu vielen Menschen sprechen zu können.

Ihr Menschen, die ihr auf der Suche seid, laßt euch nicht ängstigen. Die Umstände, die euch auf der Erde betreffen, entwickeln sich gut; - besser als wir vermutet hatten. Laßt euch von Endzeitstimmungen nicht unter Druck setzen und ängstigen. Es wird ein "gutes" Ende nehmen. Ihr werdet eine andere Form annehmen. Die Form wird sich verändern, weil euer Bewußtsein wachsen wird.

Auch wenn es viele Mißstände durch die Illusion der Dualität gibt, so gibt es mehr und mehr Menschen, die erwachen. Es ist für uns wunderbar zu sehen, wie viele Menschen sich und ihre Schwingung verändern und anheben. Viele von euch haben große Aufgaben und erfüllen diese gut. Auch die, die in der Dualität stark verhaftet sind, die ihr vielleicht verachtet, die töten, die korrupt sind, die kalt sind, für die ein Menschenleben nicht zählt, auch sie erfüllen zu dieser Zeit ihre Aufgabe. Es gibt viele unter euch, die stark nach dem Licht streben, (was auch sehr gut ist), dabei jedoch ihre Schattenanteile vergessen. Solange ihr diese nicht integriert, werden diese Menschen, die ihr ablehnt, verachtet und weiter den "negativen" Part der Dualität leben. Auch sie dienen, vergeßt das bitte nicht!

Die Schwingung der Liebe wird sich mehr und mehr auf eurem Planeten ausbreiten. Ihr seid von vielen Wesen umgeben, die helfen, die Schwingung der Liebe durch bestimmte Menschen auf der Erde zu manifestieren. Es ist schon viel der Arbeit getan. Wir sind überrascht, da dies schneller ging als wir geglaubt haben. Genauso wenig wie wir glaubten, daß die Erde sich so sehr ins "Negative" entwickeln würde und die Menschen sich so sehr von dem Göttlichen, der allumfassenden Liebe und der Verbundenheit mit allem Sein entfernen würden, genauso sind wir überrascht, wie schnell und kraftvoll sich viele Menschen an ihr wahres Sein erinnern.

Unser Leben unterscheidet sich von dem euren. Wir sind eine komplett andere Existenzform als ihr. Wir haben keinen menschlichen Körper. Wir sind nur Energieformen. Wir bewegen uns sehr schnell. Wir können ständig unsere Form verändern wie wir es wollen. Es ist ein Leben in unendlicher Weite.

Ein wichtiger Motor bei uns ist die Liebe. Sie ist viel unpersönlicher als bei euch. Sie ist ständig existent. Bei euch gibt es Momente dieses Gefühls, das bei uns Träger unseres ganzen Seins ist. Wir brauchen nichts dafür zu tun; es ist einfach da. Wir sind verbunden mit allem Sein in Liebe.

Wir leben viele Milliarden Lichtjahre von euch entfernt. Es ist für euch ein Raum von unermeßlicher Größe und Weite. Die Entfernungen bereiten uns keine Probleme. Wir reisen mit unserer Gedankenkraft und der Resonanz unserer Schwingungen. Auch für euch, ihr Menschen auf der Erde, ist die Zeit nicht mehr weit, wo das auch euch möglich sein wird. Ihr werdet eure Raketen und Raumschiffe nicht mehr benötigen, um mit anderen Planeten und andere Existenzen in Kontakt treten zu können. Es wird eine neue Freiheit kommen, nicht nur die des veränderten Reisens. Es ist eine Möglichkeit, die die Ausmaße eurer Veränderungen aufzeigen kann. Es ist nicht notwendig für euch, genau zu wissen, wann der Zeitpunkt der Veränderungen kommen wird. Ein genauer Zeitpunkt liegt auch aus unserer Sicht nicht fest. Es ist auch falsch zu glauben, es geschieht alles an einem Tag X. Nein, es sind kontinuierliche, minimale und trotzdem großartige Veränderungen, die langsam und allmählich fortschreiten und die Erde in ihrer Schwingung erheben werden. Es ist der einzelne aufgerufen!!!

Die kontinuierliche zuversichtliche Veränderung, nicht getrieben von Angst und Panik, wird eine Erhebung erwirken. Wenn ihr wach seid, habt ihr genug Zeit, um jede erforderliche Veränderung vorzunehmen, so daß ihr nicht eines Tages von Angst und Überraschung erfüllt seid und Todesängste erlebt.

Ihr, die ihr wach seid, werdet allmählich und stetig geführt. Und noch einmal: *Es gibt keinen Grund zur Beunruhigung.* All die verschiedenen Informationen, die ihr aus den verschiedensten Quellen erhaltet über den Tag X, die Entwicklung der Erde, geben euch genauso, wie wir es tun, nur ein Bild, in unterschiedlichen Formen ausgedrückt, so daß ein jeder seiner Bilderwelt und Vorstellung entsprechend begreifen kann. Die Bilder und die Formen sind erschaffen, um euch ein Bild und ein Gefühl der dahinterliegenden Energien zu vermitteln. Nehmt diese Geschehnisse und Informationen ernst und seht sie dennoch nur als ein Spiel.

Macht euch nicht abhängig von irgendwelchen Vorstellungen. Seht die Informationen, die ihr bekommt, nicht als Dogma. Auf einer tiefen Ebene gibt es nichts, was falsch oder richtig zu machen wäre. Jeder erfüllt seinen Dienst in der Art und Weise, wie es für ihn vorgesehen ist. Ihr braucht keine Angst zu haben, daß ihr euer "Ziel" nicht erreicht. Ihr werdet ankommen!

Versucht, euch von Gefühlen des Mangels und der Minderwertigkeit zu lösen. Auch ihr werdet aufsteigen in eine "höhere" Dimension, - in eine Welt der Liebe. Und auch diejenigen, für die anderes vorgesehen ist, werden das ihnen Vertraute bekommen. Habt Vertrauen in eure Kraft und eure Führung. Viele von euch, die dieses Buch lesen, hören von all diesen Informationen nicht das erste Mal; - das wissen wir. So wißt ihr auch, daß es Wesenheiten aus der feinstofflichen Welt gibt, die euch und die anderen Menschen auf eurem Weg unterstützen. Es ist so vielen Menschen bekannt, doch so wenige machen von diesem Wissen

Gebrauch. Das heißt, wenige nehmen zu ihren Geistführern, ihrem Höherem Selbst, ihren Schutzengeln und allen anderen Wesen, die ihnen zur Seite gestellt wurden, direkten Kontakt auf. Wißt ihr, ihr könnt das ganz praktisch, ganz leicht und in der euch menschlich vertrauten Art tun. Ihr könnt mit ihnen sprechen, euch energetisch auf sie einstimmen, sie hören; - ähnlich wie ihr auch mit Menschen kommuniziert. Zum Teil habt ihr zuviel Respekt vor ihnen - in der Art, daß ihr glaubt, sie wären schwer zu erreichen; - so weit entfernt. Aber sie sind euch so nah. Sie warten darauf, mit jedem einzelnen von euch in Kontakt zu treten. Oft sucht ihr Antworten und Hilfe bei Menschen, die Zugang zu "höherem Wissen", zu feinstofflichen Ebenen haben, oder bei anderen, durch ihre Ausbildung autorisierten Menschen. Das ist auch gut und notwendig in manchen Situationen. Dennoch gibt es weitaus mehr Situationen, in denen ihr die Antwort in euch selbst finden könnt.

Alles, was ihr sucht, findet ihr in euch.
Alles, was ihr liebt, findet ihr in euch.
Alles, was ihr verabscheut, findet ihr in euch.
Ihr seid alles, und ihr seid nichts.
Ihr seid verbunden mit allem, was ist.
Ihr seid ein Teil von allem, was ist.

Auch ihr seid ein Teil der Kriege, die auf eurer Erde existieren. Es ist ein Teil eures Hasses, den auch ihr in euch tragt. Die Zeiten sind vorbei zu sagen: "Das bin nicht ich, das ist der andere; damit habe ich nichts zu tun; so schlecht bin ich nicht." Und doch, auch du bist so.

Aber das ist nicht schlecht. Es ist ein Ausdruck der noch auf eurer Erde herrschenden Dualität. Lernt zu spüren: Auch das bin ich, auch das ist ein Teil meines Seins. Ich bin verbunden mit allem, was ist. Das heißt nicht, daß ihr euch schuldig fühlen sollt; das heißt nicht, daß es egal ist, was ihr tut. Nein. Das heißt ein Annehmen und Lieben aller Aspekte eures Seins auf eurer Erde.

Das soll nun kein neues Gesetz für euch sein, welches ihr erfüllen müßt, - und wenn ihr das nicht könnt, dann seid ihr schlecht. Nein! Ihr seid Menschen. Es gibt keine "perfekte" Form, wie ihr sie euch oft in euren Gedanken vorstellt von dem, was ihr zu leisten und zu erbringen habt. Der Schlüssel ist die Liebe. Immer und immer wieder die Liebe. Sie wird euch ungeahnte Tore öffnen.

Es stimmt, was ihr von Jesus hört:
Liebt auch die Verräter,
liebt auch die Schwachen,
liebt die Hilflosen,
liebt auch euren Feind,
so wie ihr das Schwache in euch lieben sollt,
das Hilflose, Verräterische und Mörderische.

Sehnsucht nach "zu Hause"

Andon Andromeda
Seid gegrüßt meine Brüder und Schwestern.
Ich bin ein Botschafter von Andromeda. Ich reise zu den verschiedensten Planetensystemen. Wir unterhalten vielfältige Kontakte. Viele Kontakte, die ich zu anderen Planeten aufnehme, beschäftigen sich unter anderem auch mit der Erde. Ich vertrete die Schwingung und Daseinsform von Andromeda, so wie alle, die zu uns gehören, die Schwingung unserer Existenz repräsentieren.

Die Kommunikation mit euch Menschen ist für uns oft gar nicht so einfach – genauso wenig wie für euch. Aus einem bestimmten Blickwinkel heraus ist das für uns sehr einfach, und gleichzeitig kostet es uns auch sehr viel Energie und Kraft. Es kostet uns Energie, in eure Körper zu treten, damit unsere Botschaft übermittelt werden kann. Eure Energieformen sind uns fremd, und wir müssen unsere Frequenzen verändern, wenn wir zu und durch euch sprechen wollen. Vielen von euch ist es, als sie auf diese Erde kamen, sehr ähnlich gegangen. Es war für euch sehr schwierig - und für manche ist es immer noch sehr schwierig - diese verdichtete Frequenz, die euch Menschen zu eigen ist, um leben zu können, auszuhalten. Je mehr und je näher wir zu euch kommen, desto dichter und schwerer werden die Energie und das Gefühl. Es gibt viele von euch, die es als sehr schmerzhaft erlebten, in diese verdichtete Form einzutreten.

Es gibt Existenzformen, in denen keine Form existiert, wo nur reine Energie zu Hause ist. Aber es gibt auch Energieformen, die ihre Formen ständig wechseln können. Es ist unglaubliche Freiheit. Manche von euch erinnern sich daran und fühlen sich in ihrem Körper beengt. Sie sehnen sich nach der freien Energie weniger dichter Formen. Das bedeutet, daß einige von euch sich auf der Erde nicht zu Hause fühlen und sich sehr nach den alten bekannten und vertrauten Energieformen sehnen. Wir verstehen das sehr gut. Dennoch ist es wichtig, euch mit eurem Erdenleben anzufreunden und es so zu akzeptieren, wie es ist.

Die Sehnsucht nach anderen Formen ist bei vielen von euch stark, und dennoch ist es sehr wichtig, daß ihr euch nicht nur mit dieser Sehnsucht identifiziert und nach etwas anderem als dem Irdischen strebt. Nein. Nehmt es an. Ihr seid auf der Erde. Ihr seid auf der Erde, um zu leben. Es gibt einen weisen göttlichen Plan für euch, und euer Aufenthalt auf der Erde ist eure Bestimmung. Es gibt vieles, was ihr lernen könnt; deswegen seid ihr auf der Erde. Solange eure Sehnsucht nach euch vertrauten Formen so stark ist, daß ihr nicht mit euren Füßen kraftvoll die Erde betreten wollt, werdet ihr nicht glücklich und in Frieden sein. Ihr könnt eurer Aufgabe nicht entfliehen. Wenn ihr die praktischen menschlichen Dinge ablehnt, werdet ihr nicht "schneller" zu eurem wahren Sein gelangen. Nein. Der Weg liegt darin, euer Menschsein auf der Erde zu akzeptieren und nicht verächtlich auf die Menschen zu blicken, die viel materieller sind, die vielleicht nicht eure Ideale mitbringen. Vertraut darauf; alles, was euch geschieht, hat seinen Sinn. Es war eure Entscheidung, auf die Erde zu kommen. Ihr seid nicht gezwungen worden. Auch wenn einige von euch nicht mehr geboren werden wollten und ihr euch daran erinnert. Es ist nur ein Teilaspekt. In anderen Aspekten habt ihr euch dafür entschieden. Alles, was ist, ist eure Kreation. Ihr seid die Schöpfer eures Lebens!

Macht aus eurem Leben ein Fest. Genießt es! Öffnet eure Sinne für die Schönheit und Vollkommenheit eures Lebens, eurer Welt und eurer Erde. - Und dennoch, erinnert euch immer wieder an euer wahres Sein. Sucht immer wieder nach eurer wahren inneren Heimat. Werdet niemals müde. Ihr werdet belohnt werden. Die Sehnsucht vieler von euch nach "zu Hause", wie immer es heißen mag, ist berechtigt. Es sind Erinnerungen an andere Zeiten. Es sind Erinnerungen an die Einheit, an das Einssein mit allem, was ist, und an die bedingungslose Liebe. Ja, ihr habt Recht, das, was ihr sucht, existiert wirklich - nicht nur in euren Wünschen und Träumen. Es ist wirklich existent zu jeder Zeit. Ihr erinnert euch.

Wer kennt ihn nicht, den Wunsch nach einer besseren Welt? Ihr erinnert euch. Ich weiß, wie schwer es für euch ist, diese Sehnsucht zu spüren und dennoch in den Begrenzungen der dualen Welt gefangen zu sein. Ihr werdet erst Freiheit erlangen, wenn ihr die Begrenzungen eurer dualen Welt in Liebe annehmt. Und genau in dem Moment werdet ihr aus den Begrenzungen heraustreten können. Ihr werdet keinen Frieden finden, wenn ihr das Menschliche, Duale, ablehnt, es verurteilt oder leugnet. Vergeßt nicht: Es hat euch gedient und dient euch immer noch. Ihr habt es gewählt. Es war eure eigene, freie Wahl. Ihr habt dieses Leben gewählt, um zu lernen, um in voller Bewußtheit Schritt für Schritt das Göttliche zu erkennen und zu ihm zurückzukehren. Die Erfahrung der Trennung vom Göttlichen ist so unglaublich schmerzhaft. Und trotzdem war es eure Wahl, um in vollem Bewußtsein und mit kristallklarer Bewußtheit das Göttliche zu erkennen und eins mit ihm zu sein.

Habt keine Angst, die ihr voller Sehnsucht seid, - eines Tages wird sie erfüllt werden und ihr werdet eins sein. Doch, was ist jetzt? - Auch jetzt habt ihr immer wieder die Möglichkeit, euch mit "zu Hause", mit eurer göttlichen Essenz, zu verbinden und gleichzeitig auf der Erde zu sein. Es liegt an euch. Der Glaube und die Hoffnung, irgendwann wird alles besser sein, werden euch nicht glücklich machen. Nutzt jeden Augenblick, auch in eurem irdischen Leben, um euch an eure göttliche Essenz zu erinnern. Es liegt an euch, euer Leben in Übereinstimmung mit eurem höheren Selbst und eurer Bestimmung zu leben. Vergeßt nicht, in all den kleinen Dingen eures alltäglichen Lebens ist das gesamte Göttliche enthalten. Ihr solltet eure Augen öffnen.

Trotz aller Begrenzungen und Schwierigkeiten auf eurer Erde, wie Kriege und Kämpfe, - gibt es viel Schönes, das es zu wertschätzen und zu lieben gilt. Glaubt mir, obwohl ich aus einer wundervollen Welt voller Liebe, Ekstase und Einheit komme, in tiefem Frieden in mir ruhe und nichts wünsche, sehe ich vieles in eurer Welt, auf eurer Erde, das wunderschön und einzigartig ist und das mich in seiner Schönheit und Vollkommenheit mit Ehrfurcht erfüllt.

Letztendlich, meine Brüder und Schwestern, gilt es, das Irdische im Außen wie auch in eurem Inneren zu ehren. Das, was ihr in anderen Welten sucht, könnt ihr in euch finden. Euer Zuhause ist das Göttliche in euch, egal, wo ihr seid.

Meine Liebe und meine Wertschätzung für euch Menschen und alles Irdische sind unermeßlich groß. - So groß, wie ich mir erhoffe, daß eure Liebe zu euch selbst und allem Irdischen sein mag.

Seid gegrüßt im Angesicht des All-Einen, meine Brüder und Schwestern.

*****

Rückblick

Ich möchte mit Ihnen in die Zeit meines Lebens zurückgehen, als ich zwischen 15 - 19 Jahre alt war. Damals war ich erfüllt von dem Gefühl und der Energie der Sätze: "Schlimmer als das, was ich in dieser Zeit fühle und erlebe, kann nichts in der Welt sein." Und:
"Ich halte es nicht mehr aus und will nach "Hause", in eine Welt der unendlichen Geborgenheit, des Friedens und der Liebe."
Ich war ein hübscher Teenager, ging auf's Gymnasium, war intelligent, sehr eigenwillig, kleidete mich ausgeflippt, schwänzte die Schule, boykottierte Leistungen im Unterricht und tat vieles mehr, was ein Teenager in dieser Zeit (vielleicht) tut. Meine familiäre Situation zu Hause war nicht die Entspannteste. Es gab dort schwierige Konstellationen und Probleme, die sehr belastend für mich waren. Aber, was noch viel schlimmer war, in meinem Innern tobte eine Schlacht, ein unendlicher, unglaublicher Schmerz, der mich mehr und mehr zerriß, der unbeschreiblich und unaushaltbar war - so unaushaltbar, daß ich meinte, nichts in der Welt könnte schlimmer sein als dieses Gefühl. Ich begriff es damals selbst nicht; ich war nicht im Krieg; ich wurde nicht gefoltert; ich mußte nicht zugucken, wie andere vor meinen Augen gefoltert wurden. - Woher kam dieser unendliche Schmerz? Ich fühlte mich wie lebendig begraben, wie lebendig tot. –
Oft dachte ich mir, wenn ich eh schon tot bin, dann sollte auch mein Körper sterben. Dann hört diese Qual endlich auf. Ja, drei bis vier Jahre spielte ich mit dem Gedanken, meinen Körper töten zu wollen. Ein bis zwei Jahre hatte ich diesen Gedanken und Wunsch fast täglich im Kopf. Ich konnte nicht mehr. Bei dem Gedanken, mich töten zu wollen, hatte ich immer nur einen Satz im Kopf und im Herzen. "Das, was ich suche, finde ich hier nicht auf der Erde, und alles andere wird mich niemals befriedigen." Meine Sehnsucht nach Geborgenheit, unendlichem Aufgehobensein, Verschmelzung und Frieden war so unvorstellbar groß wie mein Schmerz.

Dazu muß ich sagen, daß zu jener Zeit andere Existenzen als die auf der Erde für mich nicht existierten, geschweige denn ein Leben nach dem Tod, Wiedergeburt etc. Für mich war das Leben nach dem Tod vorbei. Gott??? Wer war das??? -

Ich habe immer nach dieser Geborgenheit, dieser Freiheit, diesem Verschmelzen und unendlichem Aufgehobensein gesucht.

Wenn ich verliebt war, kam ich diesem Gefühl am nächsten, und so setzte ich all meine Sehnsüchte, all meine Hoffnung, all meinen Lebenswillen in diese Männer. Wenn überhaupt eine Beziehung zustande kam, dann war sie kurz. - Kein Wunder - Für mich heute sehr verständlich - bei all den Erwartungen und Lasten.

Damals verstand ich das überhaupt nicht. Das einzige, was blieb, waren meine Enttäuschung und mein Schmerz, wieder in dieser "grausamen, harten, kalten" Welt einsam und allein zu sein.

Inzwischen sprach ich fast mit niemandem mehr. Meine Freundin Susanne war so gut wie die einzige, der ich von meinen Gedanken, Gefühlen und Qualen erzählte. Sie versuchte ihr Bestes, war jedoch hoffnungslos überfordert mit mir. Ansonsten verbrachte ich den ganzen Tag allein, schwänzte die Schule, legte mich stattdessen den ganzen Tag auf eine Parkbank oder ins Bett, fuhr mit dem Fahrrad durch einsame Gegenden - auch nachts, ohne spürbare Angst, mit dem Gedanken: "Wenn mir jemand etwas tun will oder mich umbringen will, muß ich es wenigstens nicht selbst tun." Und wenn ich zu Hause bei meinen Eltern war, sprach ich kein Wort; ging schon mittags oder nachmittags ins Bett, zog mir die Bettdecke über'n Kopf; grübelte vor mich hin.

Sobald der Druck in mir nicht mehr auszuhalten war, schrieb ich über meine Verzweiflung und schrieb und schrieb. - Jeden Tag, stundenlang. Ich wollte mit niemandem außer Susanne reden. Ich fühlte mich sonst von niemandem verstanden. - Wenn ich versuchte, mich mitzuteilen, hörte ich verständlicherweise oft: "Ich verstehe dich nicht. Du bist intelligent, hübsch, nett, gesund und so vieles mehr. Du hast

doch überhaupt keinen Grund, hier so durch das Leben zu gehen. Du hättest doch wirklich allen Grund, glücklich zu sein." Diese Sätze hörte ich von jungen wie auch älteren Menschen. "Geh doch mal ins Krankenhaus und sieh die ganzen kranken Leute. Dann geht's dir wieder besser." Ein Schulkamerad sagte damals wohlwollend zu mir: "Du bist ja noch fertiger, noch mehr am Ende als ich. Komm, rauch dir einen Joint, oder wir trinken uns einen." Ich sagte immer: "Nein, laß mich mit deinem "Scheiß - Stoff" in Ruhe. Ich will nicht!!! Wenn ich mich mit Drogen betäube, verändert sich für mich gar nichts. - Das, was ich suche, finde ich darin nicht." –
Das soweit zu meiner Sichtweise in der damaligen Zeit.

Der Beginn meiner Wandlung und Hinwendung zum Leben, zur Freude und zur Liebe war mein Entschluß mit 18 Jahren, mir endgültig das Leben zu nehmen. Ich schluckte eine Überdosis Schlaftabletten und war überrascht, mich am nächsten Morgen im Krankenhaus wiederzufinden. Das Leben schien immer noch nach mir zu fragen, und offenbar wollten einige Aspekte von mir letztendlich doch leben.
Aus meiner heutigen Sicht war dieses Erlebnis für mich eine Initiation ins Leben. Glücklicherweise wurde ich über das Krankenhaus mit einem Psychologen bekannt gemacht. Damals fragte ich mich zwar, was ich mit einem Psychologen sollte, da der mir ja eh nicht helfen konnte - und dachte mir: "Okay, den kann ich mir zumindest einmal anschauen, - unterhaltsam ist das allemal!"
Das war der Beginn einer langjährigen Einzeltherapie. Ein Jahr lang hatte ich noch immer wieder Selbstmordgedanken, - die waren natürlich nicht von heute auf morgen verschwunden -. Jedoch ließ die Kraft hinter diesen Gedanken nach. Vielmehr machte sich, wenn auch zuerst minimal und Schritt für Schritt, mehr Lebenswille breit.
Zwischen dem 18. und 25. Lebensjahr machte ich dann privat sehr intensive Therapien, einzeln oder in Gruppen (Gesprächs-, Körper-, und Tanztherapie). Ich setzte mich mit meiner Kindheit, meinen Eltern,

mit mir selbst und meinen Gefühlen auseinander, und schließlich entwickelte sich mein Leben immer mehr bergauf in Richtung Frieden, Liebe und Glück. Schritt für Schritt wurde ich lebendiger, gefühlvoller und fand mehr und mehr Sinn in meinem Leben. Später dann, ausgelöst durch intensive spirituelle Erlebnisse, änderte sich auch meine Meinung, daß ich an nichts glaubte. Ich wurde so sehr mit der Nase darauf gestoßen, daß ich mein "An-überhaupt-nichts-glauben" aufgab - und mich sehr intensiv mit spirituellen Themen beschäftigte, wichtige spirituelle Erfahrungen machte und etliche Ausbildungen und Seminare besuchte.

Inzwischen habe ich mein Zuhause in mir gefunden und gebe mich die meiste Zeit dem Fluß des Lebens hin und vertraue.

Heute sehe ich diese "schreckliche" Zeit so früh in meinem Leben mit all den belastenden Situationen und Gefühlen als ein großes Geschenk. Ich habe durch diese Zeit unendlich viel gelernt, sehr viel Kraft entwickelt und kann inzwischen meine Kraft und Energie konstruktiv für mich und meine Lebensaufgabe nutzen. Es gab mir die Möglichkeit, mit vielen Dingen und Belastungen schon früh aufzuräumen und zu finden, was mir im Leben etwas bedeutet und was ich hier will. Der Druck war unglaublich groß - es ging um mein Leben und darum, in diesem Leben Glück, Geborgenheit und Liebe zu finden, oder dieses Leben aufzugeben.

Und genau diese Belastungen machten trotz, oder gerade auch wegen des Gefühls, es nicht mehr aushalten zu können, so vieles möglich.

Ich wünsche mir, solch eine Zeit nicht mehr erleben zu müssen, und trotzdem war sie für mich notwendig, um mit dieser Klarheit, Zielgerichtetheit und Zufriedenheit, die ich heute empfinde, mein Leben leben und meine Aufgabe hier annehmen zu können.

Wenn ich heute auf diese Zeit zurückblicke, auf die Belastungen und Verletzungen meiner Kindheit, auch durch meine Eltern, so hadere ich nach vielen Auseinandersetzungen, Jahren der Therapie und Klärungen nicht mehr mit meiner Vergangenheit. Im Gegenteil, es ist ein

Gefühl der Aussöhnung und des Friedens in mir.

Seit einigen Jahren habe ich endlich mein Zuhause in mir selbst gefunden und lebe ein erfülltes, glückliches Leben. Ich fühle mich geborgen, geführt und beschützt und weiß, daß mir viele Wesen hilfreich zur Seite stehen.

Seit elf Jahren lebe ich mit meinem Mann Guido in einer wundervollen Beziehung, die von sehr viel Liebe und Wachstum getragen ist.

Ich bin für all das so dankbar, eben weil ich aus eigener Erfahrung weiß, wie wenig selbstverständlich diese Gefühle und dieses Glück hier in der Erfahrung der Dualität sind.

Ich habe gefunden, wonach ich so sehr suchte, obwohl ich es lange Zeit auf der Erde nicht zu finden glaubte.

*****

Freude, Lachen, Leichtigkeit I

Andonella

Hallo, ihr kennt mich noch nicht. Ich bin ein kleines süßes Mädchen; Ich habe Flügel und bin ein Engel. Ich bin auch von Andromeda. Andonella ist mein Name. Ich bin ein sehr junger Aspekt. Ich spreche heute zu euch, weil ich euch vom Spielen erzählen will.

Wißt ihr, ihr Menschen, daß es eine Freude ist zu spielen - beschwingt durchs Leben zu gehen, zu springen und zu lachen? Ihr seht viele Dinge so ernst. Vieles in eurem Leben ist auch sehr ernst - jedoch ebenso vieles solltet ihr spielerisch betrachten. Das Leben und viele Situationen spielerich zu betrachten bedeutet, sie nicht so ernst zunehmen, euch nicht mit allem so sehr zu identifizieren - zu identifizieren, als ob euer Leben davon abhinge. Ihr habt vielmehr die Wahl. Ihr könnt lachend und spielend viele unterschiedliche Dinge ausprobieren. Ihr könnt probieren und feststellen: Das macht mir Spaß; das tut mir gut, und wenn das nicht der Fall ist, vergeßt es wieder und probiert voll Freude etwas Neues.

Laßt die Leichtigkeit in euer Leben, das Lachen, das Tanzen, das Springen und das Hüpfen. Auch so könnt ihr dem "Göttlichen" nahe sein; auch so könnt ihr wachsen, auch so könnt ihr bewußt werden. Ihr entwickelt euch nicht nur durch harte Arbeit weiter, - laßt die Freude zu euch kommen, - laßt Freude in euch sein. Wenn ihr euch nicht mehr so sehr mit allem identifiziert, einen erweiterten Blickwinkel habt, dann erlebt ihr, wie lustig euch vieles, das euch sonst so ernst und wichtig ist, erscheint. Wir lachen hier so viel. Manchmal lachen wir auch über euch. Ihr braucht euch nicht erschrecken. Wir lachen euch nicht aus. Unser Lachen ist mitfühlend und wohlwollend. Für uns ist manches, das für euch sehr ernst ist, lustig, - weil uns vieles ganz anders erscheint. Beobachtet die Kinder. Wie einfach sie sich freuen und lachen. Auch ich bin ein sehr junger Aspekt. Ich bin ein kleiner Engel, der soviel Lachen, Heiterkeit und Freude in sich trägt – und deshalb spreche ich heute zu euch.

Die Zeiten werden für euch schwieriger, was die Geschehnisse in der äußeren Welt angeht. Umso wichtiger ist es für euch, die Leichtigkeit, die Freude und das Lachen in euch zu leben. Natürlich sind die Geschehnisse sehr ernst, doch gleichzeitig ist es wie ein Spiel. Jede und jeder spielt seinen Part in diesem großen Spiel. Es gibt bei euch einen Ausspruch, der besagt: "Das Leben ist ein Spiel". Das stimmt, und gleichzeitig ist es sehr ernst. Es ist eine Frage der Betrachtungsebene und des Blickwinkels. Und euch möchte ich mit all meiner Liebe bitten, euch immer wieder an die Freude, das Lachen und die Leichtigkeit zu erinnern. Es wird euch viele Tore öffnen.

Vielleicht erinnert ihr euch an Momente der Leichtigkeit, der Freude und des Lachens. Seid offen, diese Energien immer wieder in euch fließen zu lassen. Sucht solche Momente oder erinnert euch an Dinge, die euch diesem Gefühl nahebringen. Vielleicht rennt ihr über Wiesen und singt. Vielleicht kullert ihr von einem Hügel herunter; hüpft und springt oder dreht und dreht euch. Mit dem Lachen und der Freude seid ihr dem Göttlichen so nah und könnt euch an das Göttliche in euch erinnern. Ich freue mich, zu euch zu sprechen, und ich freue mich, wenn ich die Menschen lachen sehe, wenn sie heiter sind und voller Leichtigkeit. Ich freue mich dann und fühle mich euch nah. Und nochmals meine Botschaft: Lacht! Singt und tanzt! Und laßt die Leichtigkeit in euch hinein. Es führt euch zu einer neuen Freiheit. Ich liebe euch und freue mich.

Stellt euch nun einen Ball vor, einen schönen runden Ball, wie er springt und euch Freude macht. Er ist kompakt und trägt eine gebündelte, konzentrierte Energie. Er springt und hüpft und springt und hüpft. Ihr werft ihn in die Luft; er berührt den Boden, tippt auf, um sich dann erneut vom Boden zu lösen, zu dem er schließlich wieder zurückkehrt. Schaut euch die Bälle an. Ihr könnt von ihrer Energie lernen. Sie berühren den Boden, die Erde, und fliegen voller Leichtigkeit in den Himmel. Eine gewisse Zeit, und dann landen sie wieder auf der Erde. Macht es wie die Bälle, indem ihr einfach seid.

Seid auf dem Boden zu Hause, aber auch im Himmel und in anderen Welten, und kommt voller Selbstverständlichkeit wieder auf der Erde an. Habt Freude daran. Wißt ihr, daß unsere Energien manchmal die Form von Bällen annehmen können? - Energiekugeln, die sich voller Freude und Leichtigkeit bewegen. Das ist ungeheuer spaßvoll, ungeheuer lustig. Wir experimentieren und spielen damit. Es ist oft so lustvoll, und unser Lachen erfüllt unser ganzes Sein. Wenn ihr mit allem, was ihr seid, eure Energien sammelt, um die Erde zu berühren, um der Erde und dem Materiellen zu begegnen, und dem vertraut, werdet ihr voller Schwung und Leichtigkeit in die Lüfte schweben, um anderen Dimensionen und eurem wahren Sein zu begegnen. Ihr werdet Spaß daran haben, und voller Selbstverständlichkeit werdet ihr wie der Ball auf der Erde ankommen, um diesem Rhythmus von selbst wieder zu folgen. Sobald ihr mehr und mehr zu eurem Ursprung, zu euch selbst, zurückfindet, werdet ihr fühlen, wie wichtig es ist, ausgelassen, kindlich und spielerisch zu sein.

Erinnert ihr euch an Momente, in denen ihr aus tiefster Seele lachen konntet - wo jede Faser eures Sein von Lachen erfüllt war? Habt ihr euch nicht glücklich gefühlt? Ihr ward dem Göttlichen so nah!

Lachen ist ein wunderbares Geschenk für euch Menschen. Es befreit euch von den Sorgen und Lasten, die ihr in euch tragt. Lachen ermöglicht euch, euch der Glückseligkeit zu nähern. Ich meine damit nicht, jemanden auszulachen. Das ist nicht das Lachen, von dem ich spreche. Das Lachen, das ich meine, ermöglicht euch manchmal, die Grenzen, die Beschränkungen, in denen ihr steckt, zu sehen, ein Stück mehr Weite, mehr Unendlichkeit in euch zu fühlen und euren Blickwinkel zu erweitern. Das Lachen heilt so viele Wunden. Im Energetischen wie auch im Körperlichen kann es Blockaden lösen und Schmerzen lindern. Ihr könnt es auch als eine Art Reinigungsprozeß sehen, wie eine Entschlackungskur. Das sind die "Nebenwirkungen" des Lachens.

Lache um des Lachens willen.
Lache, um die Freude in dein Herz fließen zu lassen.
Lache, weil du lachst und es dich mit anderen verbindet.
Lache, um dich frei zu fühlen und der Göttlichkeit in dir zu begegnen.

Es ist so lustig, das Lachen. Manchmal könnte ich allein über das Lachen lachen. Es ist ein unendlicher Tanz.

Ich möchte euch an ein Bild erinnern, das viele von euch in sich tragen: Ich sehe zwei Menschen, die sich gegenüberstehen und sich an den Händen fassen, - sich nach hinten lehnen; - sich seitlich bewegen, seitlich hüpfen und sich drehen, drehen und drehen und lachen, singen und lachen. Es ist wie ein Drehtanzreigen. Es macht so viel Spaß.

Ich möchte noch einmal betonen: Es wird immer wichtiger werden, euch an die Leichtigkeit, das Spielen und das Lachen zu erinnern, um viele Schwierigkeiten und Probleme, die mehr und mehr auf die Erde und euch zukommen, bzw., die ihr kreiert, aushalten zu können, bis hin zum Überleben.

Manchen von euch scheinen diese Qualitäten, von denen ich spreche, fremd zu sein. Euch sind ernsthaftes, beständiges Arbeiten, Probleme und Sorgen vertrauter, und diese sind euch näher als das Lachen, die Freude und die Liebe. Gibt es Schulen, in denen ihr lernt, euch an das Lachen, die Freude und die Leichtigkeit zu erinnern??? Es gibt derer keine. Stattdessen gibt es zahllose Schulen, in denen ihr lernt, hart zu arbeiten, den Ernst des Lebens zu erkennen, eure Ellbogen einzusetzen, noch besser zu funktionieren und euch irgendwelchen Normen anzupassen.

Wißt ihr, es macht mich traurig zu sehen, wie ernst und anstrengend vieles in eurem Leben ist, weil ihr es als ernst und anstrengend wahrnehmt und anerkennt und viele sich von einem wichtigen Teil ihrer Essenz, der Freude, entfernt haben. Ich freue mich, wenn ich euch lachen sehe; dann bin ich euch sehr nah. Auch wenn mir das Spiel, die Freude und die Leichtigkeit so nahe sind, gibt es Momente, in denen ich sehr traurig werde, wenn ich mich nämlich auf euch einstimme und sehe, daß ihr dieses alles vergessen habt und ich euch nicht erreichen kann. Und dennoch - ich bin immer da. Also, meine Freunde, erinnert euch an mich, und ihr werdet euch im Namen Gottes an die Leichtigkeit, das Spiel und die Freude erinnern.

Seid gesegnet und gegrüßt in Liebe!

*****

Befreiung von Schuldgefühlen

Andromeda Rex

Ich spreche jetzt das erste Mal zu euch. Ich bin ein älterer, weiser Aspekt. Ich regiere auf Andromeda. Versteht das Wort "regieren" nicht falsch. Es ist nicht die Form von regieren, die euch vertraut ist. Für viele von euch ist Regieren mit Machtmißbrauch und Unterdrückung verbunden. Das ist in unserem Verständnis nicht gemeint. Es ist eine Art "Führung", die durch meinen Entwicklungsstand bestimmt ist. Ich werde "trotz" einer gewissen Strenge hier sehr geliebt und respektiert. Ich liebe mein Volk, und mein Volk liebt mich. Ich bin jedoch nicht der einzige in dieser Position. Es gibt viele.

Ich spreche heute zu euch, um euch unter anderem zu verdeutlichen, daß eine gewisse Hierarchie auch von großem Nutzen und sehr hilfreich sein kann. Ich meine nicht eine Hierarchie in dem Sinne, daß die, die in den "unteren" Rängen stehen, gedemütigt, unterdrückt und als weniger wertvoll betrachtet werden müssen. Ich meine eine Hierarchie der Weisheit und der Liebe, in der jede Seele ihrem Bewußtsein entsprechend ihren Platz hat und es Seelen gibt, durch die sie in Liebe und Weisheit unterstützt wird. Der "Maßstab" unserer Hierarchie ist der der Liebe und Weisheit. Es regelt sich nach kosmischen Gesetzen von selbst, wo jeder seinen Platz hat.

Es ist mir schon seid langem ein Anliegen, zu euch zu sprechen. Viele von euch sind mit einer bestimmten Aufgabe in diese Welt gekommen. Es gab Zeiten, da fühltet ihr, diese Aufgabe verraten zu haben. Ihr entferntet euch von "Gott". Ihr fühltet euch schuldig und wolltet euch nicht mehr erinnern. Aus menschlicher Sicht habt ihr auf eine Strafe gewartet, auf eine Bestrafung. Aber es gab und gibt keine Strafe und keine Schuld. Wir haben es sehr bedauert und waren traurig zu sehen, daß ihr euch selbst so hart und so lange bestraft habt. - Nicht zuletzt auch, wie ihr mit eurer Herkunft und dem Göttlichen gehadert und euch abgetrennt habt. Ich bin erfreut zu sehen, daß ihr dieses Thema mehr und mehr erlöst. Es ist für euch, wie für uns, eine große Befreiung.

Ihr, die ihr dieses Buch lest, erinnert euch:

Es gibt keine Macht und keine Hierarchie, die euch bestrafen kann und wird. Aus unserer Sicht gibt es keine Schuld. Die Bestrafung geschieht einzig und allein durch ein Urteil, durch ein Gefühl von Schuld in euch.

Jeder erfüllt in seiner Form seine Aufgabe. Ich möchte euch auffordern, weniger über euch und die anderen zu richten. Nehmt die Dinge an so, wie sie sind, und begegnet allem in Liebe. Ihr seid in euren Schuldmustern viel stärker gefangen, als ihr euch oft bewußt seid. Immer, wenn ihr euch schuldig fühlt, kreiert ihr eine Bestrafung und "negative" Umstände und somit wieder neues Leid. Werdet euch eurer Schuldgefühle bewußt.

Überlegt einmal, hört und fühlt tief in euch hinein: Woran meint ihr Schuld zu haben? Zieht ihr Umstände an, äußere Umstände, in denen ihr das Gefühl habt, "das ist ja die reinste Bestrafung, da läuft alles schief," und ihr wißt überhaupt nicht warum? - Dann hört in euch hinein und stellt euch folgende Frage: Woran fühle ich mich schuldig, wofür möchte ich mich bestrafen, wofür möchte ich bestraft werden? Stellt euch diese Situation vor und sucht nach Möglichkeiten, mit ihr, mit diesem Gefühl oder was auch immer, Frieden zu schließen. Vielleicht ist es angebracht, einen Ausgleich zu schaffen, zum Beispiel mit einer anderen Person, - eine "Ent-Schuldigung". Vielleicht erkennt ihr aber auch, wenn ihr genau hinblickt, daß ihr euch "richtig" verhalten habt; dann steht dazu und übernehmt die Verantwortung dafür. Wie dem auch sei - es gibt so viele individuelle, kreative Möglichkeiten, eure Schuldgefühle zu erlösen. Und noch einmal aus meiner Sicht zu euch: Ihr wurdet nie für schuldig befunden. Die Liebe ist fortwährend. Geurteilt über euch habt nur ihr. Es gibt keine strafende, schuldig sprechende göttliche Instanz.

Ich verabschiede mich jetzt von euch und möchte euch auffordern, euch von euren Gefühlen der Schuld zu befreien. Ihr werdet nicht nur euch, sondern auch allen anderen und der Erde einen großen Dienst erweisen. Ihr könnt euch und die Erde von einer großen Last und Schwere befreien, damit mehr Freiheit, Liebe und Freude einfließen können .

*****

Wenn ich auf mein Leben zurückblicke, sind mir nur wenige Situationen in Erinnerung, in denen ich mich bewußt schuldig gefühlt habe. Ich glaube, dieses Gefühl existierte in mir eher in tieferen Schichten. Ein äußerer Ausdruck eines solchen Schuldgefühls war sicherlich, daß ich mich als Kind und Jugendliche wegen jeder Kleinigkeit "entschuldigte".

Wenn wir als Kinder im Garten Völkerball oder Fußball spielten und ich den Ball nicht traf oder in irgendeiner Weise - obwohl ich gut spielte - nicht "perfekt" war, war von mir ein ständiges "Entschuldigung" zu hören. So oft, daß die Kinder schon genervt waren und sagten: "Jetzt hör doch mal endlich auf mit deinem ewigen Entschuldigen - das ist ja nicht zum Aushalten."

Ich empfand es inzwischen selbst schon als unangebracht und bemühte mich sehr, dieses Wort nicht mehr über die Lippen zu bringen, wenn es unangebracht war. Egal, wie sehr ich mich auch anstrengte, dieses Wort nicht mehr zu benutzen - es gelang mir nur schlecht. Es war schwer für mich, da ich es ja nicht überlegt aussprach, sondern es so schnell aus den tiefen Schichten aus mir herausschoß, daß ich erst bemerkte, was ich sagte, wenn es zu spät war. Es war wie ein Zwang, der Gott sei Dank mit den Jahren immer weniger wurde.

Eines Tages erkannte ich dieses mein Verhalten als äußeres Zeichen, das mich auf mir unbewußte, innere Schuldgefühle aufmerksam machen will und fragte mich bei dieser Gelegenheit, wofür ich mich schuldig fühlte. Es war ein Gefühl, als müßte ich mich dafür entschuldigen, daß es mich überhaupt gibt. Wann immer ich in Seminaren und Sitzungen weit zurück in die Vergangenheit ging, kam ich an den Punkt, daß ich nur "nein, nein" schrie, "ich will nicht in diese Welt. Ich habe kein Recht dazu; ich habe so viel Schuld auf mich geladen, daß ich gar nicht hier sein darf." Gleichzeitig war damit ein Gefühl des Haderns mit "Gott" verbunden, daß "er" mich nicht in Ruhe ließ, mich nicht aus diesem Lebenskreislauf ließ, in dem ich doch alles falsch gemacht hatte.

An dieser Stelle möchte ich hinzufügen, daß ich dieses Gefühl zwar in jenen Momenten hatte, dies aber nicht meine einzige und allgemein gültige Sichtweise der Dinge war. Ein ganz tiefer Gefühlsaspekt in mir schien sich jedoch so schuldig zu fühlen.

Eine weitere, für mich sehr wichtige Erfahrung erlebte ich in einer Rückführung mit dem Ziel, in das Leben zurückzugehen, in dem ich die größte Schuld empfunden hatte. Hier eine Kurzfassung des betreffenden Lebens:

Ich sehe mich als Herrscher auf einem prunkvollen Thron sitzen. Vor mir knien, von Wachen umringt, Massen von Menschen, die mit der Stirn den Boden berühren. Einer der Wachmänner schlägt mit einem Krummsäbel den Menschen auf meine Anweisung hin den Kopf ab. Ich schaue zu, völlig kalt und unberührt, ohne irgendetwas zu empfinden.

Als wir dann in der Zeit nach vorne gingen, zum Zeitpunkt meines Todes in jenem Leben, liege ich in meinem Bett, bin ganz allein und warte darauf, daß mir der Kopf abgeschlagen wird, damit meine Schuld beglichen ist. Ich habe das Gefühl, daß ich erst dann wieder frei sein werde, wenn auch mir der Kopf abgeschlagen wird. Ich schlafe ein, ohne körperliche Qualen. - Niemand hat mich geköpft, obwohl ich es mir so sehr gewünscht habe. - Im Moment meines Todes beschließe ich, daß ich mich immer schuldig fühlen werde und keine Macht mehr haben will. Als ich meinen Körper verlasse, bin ich von dem Gedanken beseelt, daß mir noch der Kopf abgeschlagen werden muß. Bevor das nicht geschieht, werde ich niemals frei sein.

Ich weine. Es ist so entsetzlich. Der Schmerz ist kaum auszuhalten. Ich bin wie von Sinnen und schreie, flehe: "Bitte, bitte, schlag mir doch jemand endlich den Kopf ab." Ich bin verzweifelt, spüre, daß ich tot bin – und dennoch von dem Gedanken besessen, zu den Menschen zu wollen, damit mich jemand köpfen kann. Ich bin im ätherischen Feld, nah bei den Menschen. Lichtwesen reden immer wieder mit mir und erzählen mir, daß es keine Schuld gibt, daß alles richtig war, wie es war und daß ich mit ihnen ins Licht gehen soll. Ich nehme sie wahr, ich höre sie, aber sie können mich nicht wirklich erreichen. Ich schreie: "Das mag ja alles sein, aber ich muß zu den Menschen und mich töten lassen, ich habe so viel Schuld auf mich geladen, vielen Menschen so großes Leid gebracht. Bevor nicht mein Kopf rollt, werde ich keine Ruhe geben." Ich bin verzweifelt, muß immer wieder weinen. Es ist wie eine Sackgasse - eine Veränderung ist nicht möglich. Ich will, obwohl ich tot bin, sofort wieder ins Leben, um mir den Kopf abschlagen zu lassen, was in dem Moment genauso wenig möglich ist, wie ins Licht zu gehen.

Ich werde zurückgeführt auf die Lichtebene zu dem Zeitpunkt vor dem Leben als König, wo ich mich mit meinen geistigen Führern und Lehrern und auch mit meinen späteren "Opfern" verbinde und bespreche.

Meine "Opfer" sind überraschenderweise voller Liebe und Dankbarkeit für mich, daß ich sie von ihrer Schuld befreien werde. An dieser Stelle platzt für mich der Knoten, - die Sackgasse von "vorher" ist keine Sackgasse mehr. Ich weine, weil ich aus tiefstem Herzen spüre, daß ihre Liebe und Dankbarkeit ehrlich gemeint sind. Ich spüre, daß sie sich so gefühlt haben wie ich während und nach dem Tod als König; daß auch sie an ihrer Schuld ersticken und auf ihre Befreiung warten. Mir fallen ganze Berge vom Herzen. Jetzt endlich fühle ich mich befreit, so weich, weit und offen. Die Schuld ist erlöst. - Ein Gefühl, die Welt umarmen zu können.

Natürlich waren nicht alle meine Schuldgefühle mit dieser Erfahrung von heute auf morgen erlöst. Für mich war es eine Möglichkeit, in sehr komprimierter und extrem gefühlsbeladener Form meine Schuldgefühle zu spüren. - Ob ich tatsächlich dieser König war oder nicht und ob die Geschehnisse bis ins Detail stimmten oder nicht, hatte und hat für mich keine Bedeutung. Es waren Bilder, die Gefühle und Dynamiken in meinem Inneren widerspiegelten. - Ob es nun ein vergangenes Leben war oder was auch immer - das verändert in keinster Weise für mich den Wert meines Erlebens. Wichtig war für mich zu spüren, wieviel Kälte ein Teil meiner inneren Welt fähig war zu leben, und welches Ausmaß und welche Intensität meine Schuldgefühle in den tiefsten Schichten meiner Psyche hatten. Ein weiterer Aspekt, der mich mit Dankbarkeit erfüllte, war, aus einem menschlichen, irdischen und aber auch aus einem "höherem", nicht-dualen Blickwinkel mögliche Bedeutungen von Schuld erleben zu dürfen.

Letztendlich habe ich begriffen, wie sehr wir für das, dessen wir uns schuldig fühlen, eine Strafe erwarten und uns damit unser Leid selbst erschaffen.

Eine Grundlage für unsere Schuldgefühle ist sicherlich unser Bewertungssystem mit der Unterteilung in "gut" und "böse". Aus einer nicht-dualen Sichtweise können Verhaltensweisen, Geschehnisse, die wir vereinfacht als "schlecht und böse" betrachten, auch Liebe sein. (Was natürlich kein Freifahrtsschein dafür ist, zum Beispiel andere töten zu dürfen.)

Ich möchte noch einmal auf meine Erfahrung als "Herrscher" zurückkommen. Ich fühlte, daß mich jemand sehr lieben müßte, um mir den Kopf abzuschlagen und mir das Geschenk der Befreiung aus meinem mir selbst geschaffenen Gefängnis voller Qualen und Schuld zu machen. Letztendlich wäre das sicher auch keine Lösung gewesen, da sich dieser Mensch trotz aller Liebe in dem Abgetrenntsein der dualen Welt schuldig gefühlt und so wieder neues Karma erschaffen hätte. So dreht sich das Rad dann weiter und weiter. Wenn wir begreifen, daß es keine Schuld gibt, kein Gut und Böse in einer anderen Dimension, brauchen wir uns nicht bestrafen und neues Leid erschaffen. Wir können aus dem karmischen Rad von Ursache und Wirkung aussteigen.

In der Zeit vor und nach dieser Rückführung habe ich mehrmals mit geschlossenen Augen Bachblüten gewählt. Zu jener Zeit war es immer wieder die Bachblüte Pine (Schuldthematik), die mich sanft begleitete und mir hilfreich und erinnernd zur Seite stand.

*****

Die Kraft der Selbstermächtigung

Andromeda Rex

Wie ihr wißt, wird sich sehr viel für euch alle verändern. Viele der Strukturen, die euch bekannt sind, werden in der euch bekannten Form demnächst nicht mehr existieren. Es beginnt schon mit dem Wetter. Die Veränderungen des Wetters treten vielen von euch als erstes ins Bewußtsein. Ihr erlebt, wie sich die Jahreszeiten verändern und die Temperaturen. Ihr werdet mehr und mehr von Stürmen und Hochwasser heimgesucht. Das Wetter ist eine Sprache, die euch zeigt, daß sich vieles, was euch vertraut ist, wandeln wird. Das Wetter mit seiner Macht, mit seiner Unbeirrbarkeit zeigt euch, daß ihr es nicht bezwingen könnt. Genauso wenig, wie ihr alle anderen Veränderungen bezwingen könnt. Es ist ein Zeichen – eine Aufforderung, euch den Umständen und Begebenheiten hinzugeben. Ihr könnt gegen diese Veränderungen im Sinne von Eindämmen, Zurückhalten, Bezwingen nichts tun, nichts bewirken. Es wird mehr und mehr gefordert sein, euch in jeder Hinsicht dem natürlichen Fluß des Lebens hinzugeben. Je mehr ihr Widerstand leistet, desto größer wird der Schmerz sein, den ihr euch erschafft. Ihr seid als Kollektiv in der Lernphase zu erkennen, daß ihr das Leben in eurer Art und Weise nicht kontrollieren, nicht rationalisieren könnt. Es gilt immer wieder, wie vielen von euch bekannt ist, persönliche Machtgefühle, persönliche Kontrollgefühle, persönlichen Egoismus aufzugeben und euch eurem Herzen und dem größeren Ganzen, in dem wir alle eins, alle miteinander verbunden sind, zu öffnen.

Natürlich werden immer wieder Stimmen in euch sagen: "Ich, Ich, Ich - Ich will aber besser sein. Ich will aber mächtiger sein. Ich will aber die Kontrolle haben. Ich, Ich, Ich." Es ist ganz selbstverständlich, daß diese Stimmen immer wieder in euch ertönen werden. Hört ihnen zu, registriert sie und nehmt sie an als das, was sie sind. Aber identifiziert euch nicht mit ihnen. Gebt ihnen nicht eure ganze Energie. Sie sind da, das ist in Ordnung, aber füttert sie nicht, registriert sie nur, sie dürfen da sein. Sie werden immer da sein, und dennoch ist es eure Entscheidung, euch für die Liebe in eurem Herzen, für die Liebe, die alles umfaßt, zu öffnen und Gedanken und Gefühle der Trennung, des Abgeschnittenseins von eurem wahren Sein und der Verbindung von allem, was ist, zu überwinden. Ich weiß, daß das für euch Menschen eine sehr schwere und große Aufgabe darstellt und es viel Muts und Willens bedarf, euch immer wieder für die Liebe in eurem Herzen zu entscheiden. Es ist eine der größten Aufgaben der Menschheit, die machthungrigen und egoistischen Anteile in euch der Liebe und dem größeren Ganzen zu opfern. Seid gewiß, ihr werdet belohnt.

Wißt ihr, ihr belohnt euch selbst, weil ihr euch verbunden, aufgehoben und eins fühlen dürft. Die "Belohnung" ist das Gefühl selbst. Das Gefühl aus dem Herzen, in einer tiefen Liebe in dieser Welt zu sein. Das ist Belohnung genug.

An dieser Stelle möchte ich euch aufrufen, euch immer wieder für die Liebe in eurem Herzen zu entscheiden. Wenn es Momente gibt, - und die wird es mit Sicherheit geben -, in denen ihr euch für das Abgetrenntsein, für das Duale, für Macht und Ohnmachtsstrukturen entscheidet, nehmt das wahr. Ich möchte euch nahelegen, euch dafür nicht zu verurteilen. Es war, wie es war, und es ist, wie es ist. Gebt nicht auf und erinnert euch immer wieder an die Liebe in eurem Herzen. Genauso wenn ihr Menschen um euch herum in Macht und Egoismusstrukturen erlebt, nehmt es wahr und verurteilt bzw. beurteilt sie nicht. In jedem Moment, in dem ihr von tiefer Liebe und Mitgefühl erfüllt seid, werden eine Veränderung und eine Bewegung im gesamten Bewußtsein der Menschheit erwirkt. Ihr seid nicht machtlos. Ihr seid keine "armen, kleinen Menschen", die nichts bewirken können. Ihr seid göttliche Wesen - und wenn ihr euch selbst ermächtigt, könnt ihr viel bewirken.

Ich möchte euch an dieser Stelle die Wichtigkeit der Selbstermächtigung vor Augen führen. Es gibt auf unserer Ebene, aus unserer Sichtweise, in eurer Welt niemanden, der euch auf einer tiefen Ebene be- oder ermächtigen kann. Auf einer tiefen Ebene könnt ihr das nur selbst. Ihr wartet oft auf irgendwelche Autoritäten, die euch sagen: "Deine Leistung ist gut. Dieses und jenes darfst du jetzt tun." Viele von euch machen sich von äußeren Einflüssen zu sehr abhängig, anstatt nach innen zu hören und zu fühlen: "Ja, ich kann das. Ja, ich werde das tun. Ja, dazu habe ich die Kraft und den Mut. Ja, das ist meine Aufgabe."

Einige von euch erwarten insgeheim, von irgend jemandem mit ihren Fähigkeiten entdeckt und gesehen zu werden. Sei es: "Du bist schön, du solltest als Fotomodell arbeiten. Du malst so schön, ich werde dir eine riesige Ausstellung ermöglichen. Du bist die künstlerische Entdeckung des Jahrhunderts. Oh, du bist so sensitiv, du bist ein großer Heiler." Es wird wichtiger und wichtiger werden, nicht auf irgend jemanden, auf irgendeine Autorität von außen zu warten, die vielleicht niemals kommen wird. Sagt lieber: "Ich bin ein Künstler, und ich möchte meine Bilder in diese Welt tragen. Ich bin sensitiv, und ich erlaube mir, als Heiler in dieser Welt zu sein."

Natürlich ist es dabei notwendig, daß ihr wirklich fühlt, was euch entspricht. Es ist nicht gemeint, euch zu Hirngespinsten zu ermächtigen, die euch nicht entsprechen. Seid getrost, Hirngespinnste, Ermächtigungen, die nicht in Einklang sind mit eurem wahren Sein, - sie werden sich nicht wirklich erfüllen. Wartet also nicht auf die Ermächtigung eines Dritten. Euch zu ermächtigen bedeutet auch, der zu sein, der ihr seid. Die Angst vieler von euch ist, daß ihr, sobald ihr deutlich in Erscheinung tretet und euch wichtig nehmt, euch damit auch für Kritik und Angriffe öffnet. Sicherlich könnt ihr verletzt werden, ebenso wie ihr euch freuen werdet über euren Mut, eure Kraft und das Gefühl, eins zu sein mit dem, was in dem Moment eure Bestimmung ist.

Ich wünsche euch eine wunderbare Reise voll Spannung und Abenteuer.

Und seid gewiß: Jeder Mensch, der im Einklang mit sich ist, kann Unermeßliches erwirken. Es ist nicht notwendig, andere von irgendetwas zu überzeugen. Ihr bewirkt so viel, unglaublich viel, wenn ihr mit euch im Einklang seid und entsprechend handelt.

Die Energie, mit der ihr euch ermächtigt und die jeder von euch offenen Herzens gibt, die ihr schenkt, wird vielfältig zu euch zurückkommen.

Wir umhüllen euch mit unserer Liebe.

*****

"Selbstermächtigung"

Mit einigen Überlistungen "von oben" bin ich zum Channeln geführt worden. Mein Standpunkt zum Thema Channeln war bis zu dem Zeitpunkt: "Na, klar, okay. Sicherlich gibt es einige Leute, die das können. Das ist ja auch gut, aber nicht ich. Ich habe andere Fähigkeiten und eine andere Aufgabe. Ich bin sehr sensitiv, aber so etwas kann und will ich nicht."

Wie schon erwähnt, bedurfte es einiger Tricks und spezieller Umstände, um mich dorthin zu führen. Letztendlich überzeugte es mich, diese unendlich liebevollen, sehr feinen und weisen Energien in mir zu spüren, ein Gefühl von Aufgehoben-, Verbunden- und Zuhausesein. Die Worte und Informationen, die ich bekam, waren für mich, während ich sie übermittelte, völlig okay. Sobald jedoch das Channeln beendet war, fragte ich mich: "Stimmt das wohl, - oder bilde ich mir das alles nur ein?" Das Zweifeln und Selbstkritisieren begann. Wenn ich für andere channelte und mir diese erzählten, wie tief berührt sie von den gechannelten Botschaften gewesen und wie passend diese In- formationen waren, freute ich mich. Kurze Zeit später jedoch setzten die Zweifel wieder ein: "Was bildest du dir eigentlich ein? Wer weiß, ob das alles stimmt? Wer sagt dir, ob du das überhaupt darfst?" Insgeheim wartete ich auf eine Autorität, die mir sagte: "Du darfst channeln, deine Informationen stimmen."

Wenn ich genau hinblickte, hatte ich diese Bestätigungen schon mehrmals bekommen, - aber das zählte nicht. Mir wurde klarer und klarer, daß mir die verschiedensten Autoritäten eine "Bescheinigung" für die Erlaubnis und "Richtigkeit" meines Channelns ausstellen könnten und selbst dann würde ich diese anzweifeln. Letztendlich hegte ich tief in mir den Wunsch, die Verantwortung meines Channelns an eine "Autorität" abzugeben - an eine Autorität, die verantwortlich ist, wenn irgendetwas schief geht, die ermessen kann, ob ich channeln "darf" und dazu fähig bin. Dennoch war ich mir gleichzeitig bewußt, daß ich eine solche Bestätigung einer Autorität immer anzweifeln würde und bereit sein müßte, die Verantwortung für das, was ich in diesem Bereich tue, zu übernehmen. Alles andere würde mich niemals befriedigen und glücklich sein lassen.

Je länger ich mich mit diesem inneren Konflikt herumschlug, desto wichtiger wurde es für mich, die Erlaubnis für mein Tun nicht mehr im Außen, sondern in mir zu suchen. Die Erlaubnis gab ich mir dann überraschend während der Teilnahme an einem Seminar. Wir sangen in einer sehr großen Gruppe ein Mantra. Ich hatte die Augen geschlossen, sang und spürte sehr starke Energien um mich herum und helles klares

Licht in mich einströmen mit dem klaren, deutlichen Satz: "Ich ermächtige mich, dem Göttlichen zu dienen." Immer wieder hörte ich diesen Satz: "Ich ermächtige mich, dem Göttlichen zu dienen." Ich fühlte mich so sehr mit der Quelle verbunden und spürte, daß ich mich nicht würde aufhalten lassen, meine Aufgabe zu erfüllen.

Ich glaube, daß wir immer wieder in unserem Leben auf die Erlaubnis einer oder mehrerer von uns erwählten Autoritäten warten. - Sei es wie bei mir beim Channeln, oder in vielen anderen, auch praktischen Lebensumständen. - Wir sollten uns selbst dazu ermächtigen und die Verantwortung für unser Tun übernehmen. Ist es nicht schade, wenn wir viele wunderbare Dinge nicht tun, weil wir zweifeln, ob wir sie können und auf jemanden warten, der uns die Erlaubnis dazu gibt? Was ist, wenn dieser "jemand" nie kommt?

- Selbstermächtigung -

*****

Kommunikation mit der feinstofflichen Welt

Andon Andromeda

Seid gegrüßt, meine Brüder und Schwestern. Wie ihr wißt, seid ihr von vielen für die meisten von euch nicht sichtbaren Wesen umgeben. Die, von denen ich jetzt hier spreche, sind da, um euch zu helfen. Sie sind da, um euch Menschen zu helfen, euer Bewußtsein zu erheben, indem ihr zu der Liebe in eurem Herzen findet. Immer mehr nehmen auch direkten Kontakt zu euch Menschen auf, sei es telepatisch, sei es durchs Channeln, sei es in der Nacht in euer Traumzeit. Ihr werdet immer wieder von uns unterrichtet. Ihr werdet immer mehr auf die kommenden Zeiten vorbereitet. Deshalb möchte ich euch noch einmal nahelegen, euch immer mehr zu öffnen, um den Kontakt zu uns zu ermöglichen.

Es ist genauso wie mit euren geistigen Lehrern und Führern. Erlaubt ihnen, mit euch bewußten Kontakt aufzunehmen. Redet mit ihnen, stellt ihnen Fragen, bittet sie, betet und dankt ihnen. Ihr braucht keine neuen außergewöhnlichen Kommunikationsformen zu lernen. Verständigt euch so, wie es euch vertraut ist. Wichtig sind jedoch die Motivation und die Kraft eures Herzens. Wißt ihr, wir und andere geistige Wesenheiten können nur bewußten Kontakt zu euch aufnehmen, wenn ihr uns die Erlaubnis dazu gebt. Viele von euch fühlen und wissen, daß die Welt und das Universum um euch herum nicht enden und es viele unterschiedliche Existenzformen gibt. Eure Fernsehserien wie zum Beispiel *Raumschiff Enterprise* spiegeln auf sehr irdische, materialistische und kommerzielle Art und Weise ein Stück des vielfältigen Lebens in anderen Universen und Galaxien wider. So wie eure Präsidenten und Landesoberhäupter miteinander in Verbindung treten, so ist es euch wie auch uns möglich, uns mit allem, was existiert, zu verbinden und zu kommunizieren. Die Möglichkeiten der Kommunikation sind unbegrenzt, wenn ihr euch ihnen öffnet. - Denn jeder von euch ist in allem, was existiert – sei es bei euch auf der Erde oder Milliarden von Lichtjahren entfernt, und alles ist in euch.

Es ist von großer Bedeutung, daß ihr die Begrenzung dessen, was ihr glaubt zu sein, löst und euch der Unendlichkeit des Seins jenseits eurer persönlichen Identifikation in diesem Leben hingebt. Es ist uns sehr deutlich, wie schwer das wirklich für euch ist und was das für euch bedeutet. Wir unterschätzen die Schwierigkeit nicht und sind voller Mitgefühl. Aber ihr braucht den Weg aus den Begrenzungen der Dualität heraus nicht alleine zu gehen, obwohl letztendlich nur ihr ihn gehen könnt, nur ihr Veränderungen bewirken könnt. Es stehen euch viele Wesen hilfreich zur Seite, wenn ihr ihnen eure Erlaubnis gebt. Wir alle respektieren den freien Willen eines jeden Individuums. Wir können nur helfen und unterstützen, wenn wir die Einwilligung dazu bekommen. Es ist eure Wahl. Es ist ein göttliches Gesetz, daß nichts ohne die Einwilligung eines Wesens geschehen kann. Es ist sehr wichtig für euch, diese Tatsache in der tiefsten Tiefe zu fühlen.

In letzter Zeit dringt immer mehr Wissen über verlorene Seelen und Besetzungen zu euch. Sicherlich gibt es viele Wesen, die zu unserem Bedauern und trotz großer Bemühungen von unserer Seite nicht ins Licht gefunden haben und, von bestimmten Gedanken und Gefühlen besessen, nicht wahrnehmen wollen, daß sie tot sind. Sie versuchen, auf das irdische Geschehen und einzelne Menschen Einfluß zu nehmen. Es stimmt auch, daß einige in den Körper von lebenden Menschen eintreten. Das geschieht oft bei Unfällen, Alkoholexzessen und anderen Situationen, in denen euer Bewußtsein nicht vollkommen klar und anwesend ist. In den Körpern der Lebenden nehmen sie Einfluß auf deren Persönlichkeit, je nachdem, welche Gedanken und Gefühle die verlorene Seele überwiegend beherrschen. Diese haben große Auswirkung auf den Lebenden und verändern seine Persönlichkeit.

Letztendlich ist mein Anliegen, euch in aller Deutlichkeit zu sagen: Es sind keine "bösen" Seelen, die einfach über euch "arme, gute" Seelen herfallen. Ihr seid keine Opfer. Erinnert euch, wie ich anfangs sagte, daß ihr eure geistigen Lehrer und Führer und viele andere Wesen um Hilfe bitten könnt, wo es nötig ist, um bedingungslose Liebe in euch zu verankern. Nicht anders verhält es sich mit Wesen, die Teile von euch besetzen. Auf einer unbewußten Ebene habt ihr ihnen dazu die Erlaubnis gegeben.- Es funktioniert nur, wenn es in euch eine Entsprechung gibt, - wenn ein Teil von euch damit einverstanden ist. Die Wesen, die ihr anzieht, haben thematisch eine Entsprechung zu euch, sei es im "Guten" oder im "Schlechten", wobei es letztendlich kein Gut oder Schlecht gibt. Dennoch ist es notwendig, diese Seelen zu befreien, - nicht nur aus euren Körpern, sondern auch von Orten und von der Erdatmosphäre.

Diese Wesen leiden sehr. Sie fühlen großen Schmerz. Sie sind nicht wirklich bösartig, auch wenn es euch oft so erscheinen mag und sie sich entsprechend verhalten. Ihnen gilt mein Mitgefühl und meine Liebe, denn nur Liebe und Mitgefühl werden sie befreien können, ebenso wie euch. Ich möchte hier noch betonen, daß, auch wenn ich "euch" allgemein angesprochen habe, nicht jeder von euch gemeint ist. Sicherlich beherbergen nicht alle von euch diese verlorenen Seelen. Es sind jedoch mehr von euch davon betroffen, als ihr glaubt. Diejenigen, für die dies zutrifft, werden sich angesprochen fühlen, die anderen nicht.

Wenn ihr das Gefühl habt, daß ihr möglicherweise Fremdenergien in euch tragt, ist dies absolut kein Grund, in Panik zu geraten oder Angst zu haben. Es sollte vielmehr ein Anlaß sein, Hilfe zu holen, um euch und das Wesen zu befreien. Es gibt auch

Menschen, die das allein für sich machen können. Wenn das so ist, werdet ihr es fühlen.

Tretet in einen inneren Dialog mit diesem Wesen. Ihr könnt mit ihm sprechen oder gedanklich kommunizieren und es voll Liebe und Mitgefühl durch eine Säule von hellem, weißen Licht gehen lassen. Ihr könnt auch in dem Körperbereich, wo ihr glaubt, eine fremde Energie zu spüren, eine Lichtsäule erschaffen und die Energie durch diese Lichtsäule schicken. Wie auch immer, ihr könnt es mit oder ohne fremde Hilfe tun. Ihr könnt auch mich rufen und bitten, euch bei diesem Prozeß behilflich zu sein. Noch einmal: Ihr seid und ward niemals Opfer. Ihr seid verantwortlich für alles, was euch geschieht und geschehen ist! Ihr erschafft mit euren Gedanken, euren Gefühlen und euren Entsprechungen eure eigene Welt! So fragt euch bei den Dingen, die euch "einfach so zu passieren" scheinen: Was sagt das über mich aus? Warum habe ich das kreiert? Was soll und will ich daraus lernen? Aus einem "höheren" Blickwinkel, einem Blickwinkel voller Liebe, habt ihr alles, was euch von anderen "Böses" angetan wurde, euch selbst "angetan" und auch das letztendlich nur, um zu lernen und euch eines Tages von diesem abgekarteten Spiel zu befreien.

Ich möchte noch einmal auf die verlorenen Seelen zu sprechen kommen. Sie brauchen eure Liebe und euer Mitgefühl genauso, wie ihr sie braucht. Diese Verbindung zwischen euch und ihnen ist ein Zeichen, daß ihr einen Teil von euch, diesen Teil, noch nicht in Liebe angenommen und keine Verantwortung für diesen Anteil übernommen habt. Nehmt diesen Teil von euch wieder liebevoll und voller Verantwortung an und laßt die fremde Seele gehen. Letztendlich kann dann diese Seele wieder zu sich finden. Und wenn ihr mich ruft, ich werde euch helfen.

Ich und viele andere begleiten euch in Liebe und Mitgefühl.

Freude, Lachen, Leichtigkeit II

Andonella

Hallo, seid gegrüßt. Hier spricht wieder einmal Andonella. Es freut mich so, zu euch sprechen zu dürfen. Ich konnte es kaum erwarten.

Wißt ihr noch, was ich euch vom Spielen erzählt habe?

Empfindet ihr Freude, zu lachen, zu hüpfen, zu springen und das Leben Leben sein zu lassen? Es gibt so viel Spaß in eurer Welt, genauso wie Leid und Trauer. Erinnert euch immer wieder: Es ist euer Recht und eure Bestimmung, glücklich zu sein. Ihr habt ein Recht, zu lachen und euch zu freuen. Ihr habt ein Recht, zu singen und zu tanzen vor Glück. Es ist euer Geburtsrecht. Erinnert euch immer wieder an die Freude und das Lachen.

Fragt euch einmal, wenn ihr abends zu Bett gegangen seid: Habe ich heute gelacht? Habe ich mich heute gefreut? Gab es Momente, die ich spielerisch erlebt habe? Ihr könnt euch auch innerhalb eines Tages immer wieder einmal besinnen und euch fragen: Ist wirklich alles so belastend? Habe ich nicht die Wahl, meinen Blickwinkel zu verändern? Habe ich nicht die Möglichkeit, die Umstände mit Humor zu sehen und mich der Freude und Leichtigkeit zu öffnen? Vergeßt niemals: Ihr habt die Wahl. Ihr könnt euch entscheiden, ob es Zeiten des Glücks, der Freude und des Lachens gibt. Es ist wirklich eure Entscheidung, eure Verantwortung. - Niemand kann das für euch übernehmen. - Wenn ihr zu euch nicht sagt: "Ich lasse die Freude und die Leichtigkeit in mich strömen." Wenn ihr nicht sagt: "Ich entscheide mich an diesem Tag, zufrieden und glücklich zu sein", werdet ihr selten einen solchen Tag, geschweige denn ein solches Leben erleben. Es wird Zeit, daß ihr mehr und mehr begreift: Ihr seid die Schöpfer eures Lebens, niemand anderes.

Die Energie der Leichtigkeit, der Freude und des Lachens ist immer präsent, wenn ihr euch dafür öffnet. Sobald ihr euch in Pessimismus, Depression und Leid vergrabt, könnt ihr diese Energie der Leichtigkeit nicht mehr wahrnehmen, obgleich sie ständig anwesend ist. Und noch einmal möchte ich euch sagen: Ihr habt das Recht, glücklich zu sein. – Und: Ihr seid die Schöpfer eures Glücks. Wenn ihr in eurem Leben viel Leid und wenig Freude gehabt habt, dann fragt euch: "Warum erlaube ich es mir nicht, glücklich und voll Freude zu sein?" Wartet nicht darauf, daß eines Tages das Glück einfach so zur Tür hereinspaziert. – Das wird wahrscheinlich nie geschehen. Es sei denn, ihr entscheidet euch immer wieder dafür, euch der Freude und dem Glück zu öffnen und es in euch existent sein zu lassen. In eurem täglichen Leben wird es immer wieder die Möglichkeit der Entscheidung geben, euch in den Sumpf fallen, euch nerven und stören zu lassen, oder euch an euren Humor und an die Freude zu erinnern.

Genauso verhält es sich in Beziehungen. Auch hier habt ihr die Möglichkeit, euch zu entscheiden, ob ihr eure Energien einsetzt, um das "Unvollkommene, Störende und Nervige" in eurem Gegenüber zu sehen, oder die Schönheit, die Einzigartigkeit und das Vollkommene. Es ist eine komplett andere Erfahrung, wenn ihr euren Blick auf die Unzulänglichkeiten des anderen ausrichtet, um euch selbst "besser", "mächtiger" und "stärker" zu fühlen, oder wenn ihr voller Liebe der Schönheit und Einzigartigkeit des anderen als eigenständigem, vollkommenem Wesen begegnet. Es ist dann ein Geschenk an euer Gegenüber und gleichzeitig an euch selbst, weil ihr euch freuen und zufrieden sein könnt.

Ihr seht, meine Freunde, es ist immer wieder in allen Bereichen eures Lebens, auch in einfachen, praktischen Dingen, eure Entscheidung, euch der Freude, der Schönheit und dem Glück in allem, was ist, zu öffnen. Ihr könnt euch eine wunderbare Welt erschließen. Sie ist immer da. Sie wird für euch greifbar und sichtbar in dem Moment, in dem ihr euch ihr öffnet.

Ich wünsche euch eine wunderbare Reise, und glaubt mir, es lohnt sich. Wenn ihr merkt, daß es euch so schwer fällt, euch diesen Energien zu öffnen, diese Qualitäten in euer Leben einfließen zu lassen, dann stellt euch die Frage: "Warum habe ich kein Recht, mich zu freuen?" Spürt tief in euch hinein, welche Sätze, welche Entschlüsse und Gefühle in euch bestehen, die verhindernd wirken, Freude und Glück zuzulassen. Sucht dann in euch und hört euch zu. Sucht nach Möglichkeiten und Hilfen, diese Sätze und Gefühle in euch zu erlösen; ihnen Schritt für Schritt einen Teil ihres Gewichtes zu nehmen. Es lohnt sich. Es geht um nichts Geringeres als um das Glück in eurem Leben. Und wenn ihr Unterstützung braucht, könnt ihr die geistigen Wesen, die euch zur Seite gestellt sind, sowie viele andere und auch mich um Hilfe bitten und rufen. Ebenso könnt ihr nach Unterstützung in eurer Umgebung, auf irdischer Ebene schauen.

Ihr seid nicht allein, ihr Schöpfer eures Lebens!

Also, viel Spaß und Freude, und genießt euer Leben!

*****

Zeiten der Wandlung

Andon Andromeda

Seid gegrüßt, meine Freunde.

Wißt ihr, daß sich die Geschehnisse, die die Erde betreffen, immer mehr zuspitzen, immer intensiver werden? Vielleicht fühlt ihr auch, daß es euch ähnlich geht; - daß vieles, was ihr erlebt, immer dichter wird. Manchmal schwieriger, manchmal leichter. Die Energien, die zu eurer Erde durchdringen, werden immer konzentrierter, immer gebündelter und intensiver - und das wirkt sich auf eure Erfahrungen aus. Es wird möglich, die göttliche Liebe und Ekstase immer mehr in euch zu spüren. –

Und dennoch erlebt ihr immer wieder, daß ihr aus euren alten Bahnen geworfen werdet. Alles, was euch in eurem Leben nicht "wirklich" dient, wird nicht so bleiben, verweilen, wie es einmal war. Die Geschehnisse spitzen sich zu, und mit einigen eurer alten Verhaltensweisen stoßt ihr an Grenzen; - sie werden herausgefordert, verwandelt zu werden. Sie intensivieren sich, um deutlicher zu werden, - um für euch noch deutlicher zu werden.

Die Chance, die ihr habt, ist die der Wandlung und Transformation. Diese alten Muster, diese alten Schmerzen, diese alten Belastungen, die euch nicht mehr dienen, wollen verwandelt werden. Wenn ihr euch diesen Wandlungen widersetzt, wird der Schmerz um so größer sein. Deshalb ist es ratsam, euch dem Fluß eures Lebens hinzugeben und nicht mit den Dingen, die euch zu geschehen scheinen, zu hadern, sondern zu sagen: *"Okay, das in mir möchte gewandelt werden; es dient mir nicht mehr. Es ist da, aber es ist Zeit, es zu erlösen."*

Ihr habt in diesem Leben so viele Chancen, alte Muster aufzulösen, wie selten zuvor. Ihr könnt in diesem Leben alle eure karmischen Verstrickungen lösen. Die Zeit, alte Belastungen aufzulösen und euch an euer wahres Sein zu erinnern, ist gekommen.

Öffnet euch der Liebe, die euch von Schmerzen
und Schuldgefühlen erlöst .
Öffnet euch der Liebe, die eure Wunden heilt;
die euch zu eurem wahren Sein führt.

Denn in Wahrheit seid ihr Liebe.
Denn in Wahrheit seid ihr reine Energie.
Denn in Wahrheit seid ihr alles, was ist.

Vertraut - der Friede wird für euch kommen, und doch ist er schon da. Der Funke Friede, der Funke Stille liegt schon in euch. Ihr seid es, die diesen Funken in euch zum Leben erwecken könnt. Ihr seid es, die diesen Funken nähren könnt.

Wenn ihr eurer inneren Stimme, eurem Höheren Selbst vertraut, werdet ihr Frieden sein, werdet ihr Frieden geben, werdet ihr Frieden erschaffen. Fühlt diese unendliche Stille, dieser unendliche Frieden ist in euch.

Der Weltfrieden beginnt in jedem einzelnen von euch.
Schaut weniger auf andere, schaut in euch -
Wie kann ich den Krieg in mir und den Krieg,
den ich im Außen erschaffe, erlösen?
Wie kann ich Frieden finden?
Denn jeder von euch, der seinen Frieden findet,
gibt der ganzen Welt Frieden.
Ihr seid nicht so getrennt voneinander, wie ihr oft denkt.
Ihr seid alle miteinander verbunden.

Wie innen so außen, wie außen so innen.
Ihr seid das Universum.
Das Universum ist in euch.

Die Welt wird sich nicht wandeln, indem ihr sie im Außen verändern wollt.

Lebt Liebe und Frieden. Das ist das größte Geschenk, das ihr euch und allen anderen geben könnt.

Nehmt immer wieder Verbindung zu euren geistigen Führern auf, oder betet. Öffnet euch in der euch entsprechenden Form den göttlichen Kräften. Bittet sie um Unterstützung, sie werden euch helfen. Oft ist es nicht die Hilfe, die ihr vielleicht erwartet. Und oft ist euch unsere Hilfe nicht bewußt. –

Und oft, wenn ihr betet oder bittet, seid ihr enttäuscht, daß die Dinge nicht so eintreten, wie ihr es euch wünscht. Aber ihr habt die bestmögliche Hilfe bekommen. Sind eure Wünsche sehr dual ausgerichtet, ist aus einem "höheren" Blickwinkel eine andere Form von Hilfe eure wirkliche Hilfe. Deswegen vertraut! Nicht immer wissen alle Aspekte von euch, was für euch wirkliche Hilfe bedeutet. Manchmal kann Hilfe auch sein, daß ihr durch schwierige Erfahrungen geht, um etwas Bestimmtes zu lernen. Oft könnt ihr in diesen Momenten den Sinn und die Hilfe nicht erkennen. Dann hadert ihr, ihr glaubt, daß Hilfe nur da ist, wenn ihr euch gut fühlt und euch alles leicht fällt. Manchmal ist das so, und manchmal ist die Hilfe, die euch dient, eine schmerzhafte Erfahrung. Vielleicht erinnert ihr euch einmal daran!

Ich weiß, wie sehr ihr euch vor Schmerz und Leiden fürchtet, wie sehr ihr dieses Gefühl verabscheut und wie sehr ihr euch dagegen wehrt. Und ich sage euch ,daß es genau dieser Kampf ist, der euren großen Schmerz erzeugt. Ein Annehmen, Bejahen und Erkennen des Lernens löst den Schmerz auf - auf jeden Fall vermindert er ihn.

Ähnlich verhält es sich bei körperlichen Schmerzen. Ihr kämpft oft gegen körperliche Beschwerden und führt euch damit mehr Schmerz zu als notwendig. Mehr und mehr Menschen lernen, daß ihr Körper ihr Freund ist und sie nicht bestrafen will. Es macht keinen Sinn, gegen euren Körper und eure Schmerzen zu kämpfen. Vielmehr fragt euch: "Was ist die Sprache meines Leidens? Wem widersetze ich mich?"

Vertraut den Dingen, die kommen. Vertraut den Dingen, die in euch sind; - die in euch leben. Wenn ihr euch der Wandlung widersetzt, werdet ihr große Schmerzen erleiden. Und wenn ihr Schmerz fühlt, dann fragt euch: Was will mir dieser Schmerz sagen? Eine sehr gute Möglichkeit, den Schmerz aufzulösen, ist ihn zuzulassen, zu sagen: "Okay, Schmerz, da bist du, ich nehme dich an, ich fühle mich in dich ein, ich lasse mich fallen in dieses Gefühl von Schmerz, voller Vertrauen." Und wenn ihr euch eurem Schmerz ganz übergebt, wenn euer Schmerz von euch wahrgenommen und gehört wird, ist er in den meisten Fällen bereit, euch zu verlassen.

Ihr Menschen habt sehr aggressive Vorstellungen, wie sich Dinge auflösen oder verschwinden sollen. Vertraut in den Wandel, vertraut in den Fluß des Lebens, vertraut auf eure innere Führung! Vertraut auf das, was geschieht!

Ihr habt die Möglichkeit, zu dieser Zeit so vieles in euch zu erlösen. Uns ist bekannt, daß das für euch oft Schmerz, Zweifel und Trauer bedeutet.

Vertraut auf das Licht. Vertraut auf das Licht in euch.
Ihr seid Licht und Schatten. Ihr seid alles, was ist.

Und lernt, daß nicht nur das Licht ist, was ihr als Licht bezeichnet, sondern daß auch das, was ihr oft als Dunkelheit, Schmerz und Leid seht, das Licht in sich trägt. Erinnert euch an das Symbol von Yin und Yang. In der weißen Hälfte existiert ein schwarzer Punkt und in der schwarzen Hälfte ein weißer Punkt. Wo Licht ist, ist auch Schatten, und im Schatten ist auch Licht. Letztendlich dient euch alles, um zu lernen, dient euch alles, um zu erkennen, daß ihr weder "gut" noch "böse" seid. Wenn ihr euch immer an dem "Guten", (wie ihr es seht) festhaltet und das "Böse, Schlechte, Dunkele", (wie ihr es seht) vermeiden wollt und somit eine Wertung dieser beiden Teile vornehmt, werden die Verletzung und der Schmerz um so größer sein.

Die Wandlung ist ein wichtiger Schlüssel. Begreift, daß ihr nichts wirklich auslöschen könnt. Ihr könnt nichts wirklich töten. Alles ist ein Inbegriff von Wandlung. Was stirbt, wird neu geboren. Nichts geht verloren in diesem Universum. Alles ist Wandel. Wenn ihr dies begreift, werdet ihr verstehen, daß, wenn ihr vertraut und ihr euch den Dingen hingebt, immer wieder eine Wandlung geschieht. Bestraft euch nicht selbst. Bestraft nicht die anderen. Alles unterliegt dem kosmischem Gesetz.

Ihr glaubt oft, so mächtig zu sein, darauf einwirken zu können - doch dem ist nicht so. Das kosmische Gesetz, die kosmische Ordnung, steht über eurem persönlichen Willen. Ja, ihr seid mächtig, ja, ihr habt Kraft, ja, ihr könnt vieles bewegen, doch niemals gegen den göttlichen Willen, den kosmischen Plan. Gebt euch hin und vertraut. Ihr müßt nicht Gott spielen, weil ihr glaubt, alles zu wissen und alles richten zu können. Es sind eurem persönlichen Willen Grenzen gesetzt. Ihr seid göttlich, einfach indem ihr seid.

Vertraut. Euer persönlicher Wille gehört zu eurem Menschsein genauso, wie ihr das Göttliche in euch tragt. Liebet euer Menschsein und freut euch des Lebens. Es ist ein Geschenk. Es kann so lustvoll und freudig sein, wenn ihr es zulaßt.

Alles hat seine Berechtigung. Vieles wird leichter sein, wenn ihr die Dinge in Demut sein laßt, wie sie sind, ihr die Weisheit in allen Dingen anerkennt und nicht mehr gegen das kämpft, was ist und euch geschieht. Sicherlich heißt das nicht, daß es keine Situationen gibt, in denen es notwendig ist zu kämpfen, in denen es notwendig ist, für das, was ihr wollt aktiv, einzutreten. Nein.

Ich meine hier nur, daß ihr nicht gegen euer "Schicksal" und euch selbst kämpfen solltet - nicht hadern solltet mit dem, was geschieht. Und gleichzeitig, wenn ich euch diese Worte übermittele, ist mir bewußt, daß ihr es immer wieder tun werdet. –

Und das ist auch in Ordnung. Denn es ist ein Aspekt eures Menschseins, eures Seins in menschlicher Hülle, und dennoch gibt es die Möglichkeit der Veränderung, die Möglichkeit, dem Lauf der Dinge zu vertrauen, und das, was euer Leben betrifft, in tiefer Demut und Dankbarkeit anzunehmen. Es ist nicht gemeint, sich als Opfer zu fühlen und alles zu ertragen und zu erdulden. Euer eigener Wille, euer eigenes Empfinden sind von großer Bedeutung. - Denn nur, wenn ihr euren persönlichen Willen und eure Gefühle kennt und zulassen könnt, ist euch eine Grundlage gegeben, euch in dieser Welt behaupten zu können. Letztendlich ist es notwendig, euren eigenen Willen zu kennen, um ihn bereitwillig in manchen Situationen dem größeren Ganzen und eurem göttlichen Selbst zu übergeben. Nur, wenn ihr eure "egoistischen" Anteile kennt, könnt ihr sie opfern. –

Wenn ihr sie immer verneint, beherrschen sie euch um so mehr. Ihr könnt dem " Größeren " als Mensch nur wirklich dienen, wenn ihr eure Bedürfnisse, eure Gefühle und euren persönlichen Willen kennt und wahrnehmen könnt. Denn nur dann könnt ihr sie verantwortlich dem größeren Ganzen übergeben. Wenn ihr voller Enthusiasmus dem Göttlichen dienen wollt und ihr verneint eure menschlichen Bedürfnisse und euren menschlichen Willen, dann wird euer Dienen für das Göttliche nicht rein sein. - Denn es wird trotzdem von eurem persönlichen und egoistischem Willen gespeist sein. Es ist nichts Schlechtes, Neidgefühle, Machtgefühle zu spüren. Es ist nichts Schlechtes, voller Wut zu sein. Diese Gefühle sind Aspekte eures menschlichen Seins. Wenn ihr sie spürt und annehmt, habt ihr die Möglichkeit, bewußt mit ihnen umzugehen und euch nicht von ihnen beherrschen zu lassen. Wenn ihr diese Gefühle jedoch verneint, übernehmt ihr dafür keine Verantwortung und sie werden euch stärker beherrschen. Darum möchte ich euch auffordern, bewußt hinzuspüren und zu sagen: "Ja, das sind meine Gefühle. Ja, auch das ist ein Teil von mir, ohne daß ich die Wut und nur die Wut bin." Dann könnt ihr bewußt überlegen, bewußt fühlen, was ich damit machen möchte. Ihr übernehmt Verantwortung und habt die Wahl, euch letztendlich nicht damit zu identifizieren. Auch wenn ihr sagt: Ich kenne Gefühle wie Neid, Eifersucht, Aggression, Macht und Ohnmacht nicht. Ich sage euch, sie sind trotzdem in euch. Ich weiß, daß ihr sie oft nicht spüren könnt - denn viele von euch durften diese Gefühle nicht haben. Viele von euch haben diese Gefühle in die hinterste Ecke verbannt, um geliebt zu werden. Ich sage euch: So verbannt, beherrschen sie euch mehr, als wenn ihr sie zu euch nehmt und sagt: "Auch das bin ich."

Ich weiß, wie schwer es für euch Menschen ist, die Bewertungsskalen von Gut und Böse einfach wegzulassen, und wie tief diese Denkmuster in euch verankert sind. Eure Gesellschaft ist nach diesem Muster aufgebaut. Diese einseitige Betonung und Wertung verursacht sehr viel Leid und Unglück. Weil ein Teil der Dualität so betont wird, sucht sich der andere Teil vehement, überraschend und für euch auf unkontrollierbarem Wege seinen Ausgleich. Wenn ihr euch alle nur mit dem "Guten" identifiziert und eure "bösen", aggressiven, machthaberischen und egoistischen Gefühle leugnet und unterdrückt, suchen sie sich als kollektive Energie in Kriegen und anderen extremen Gewalttätigkeiten und Machtkämpfen ihren Weg. Wenn ihr Menschen alle eure individuellen Anteile annehmt, wird es nicht notwendig sein, einen Krieg zu führen.

Liebet euch mit allem, was ihr seid.
Wenn ihr liebt, gibt es keine Wertung.
Wenn ihr liebt, gibt es keine Unterschiede.
Wenn ihr liebt, lösen sich alle Unterschiede auf und alles ist eins.

Ich möchte euch anregen, euch einmal eine Situation in euer Herz und euer Gedächtnis zu rufen, in der ihr einen Menschen geliebt habt aus tiefstem Herzen, ohne Abhängigkeit und ohne Bedingungen. Und wenn ihr euch dann erinnert an diese Momente tiefer Liebe - waren nicht dieser Mensch und ihr in jenem Moment vollkommen? Wenn die reine Liebe für Momente da ist, lösen sich alle Zweifel und Bewertungen auf. Erinnert euch dann an Momente, in denen dieses Gefühl der Liebe nicht mehr in euch spürbar war und ihr an verschiedenen Dingen etwas auszusetzen hattet - wie ihr vielleicht das Äußere oder bestimmte Verhaltensweisen dieses geliebten Menschen abgelehnt und negativ bewertet habt. Und doch war es derselbe Mensch. In Momenten der Liebe ist alles in Ordnung – so, wie es ist. In Momenten reiner Liebe seht ihr klar und wahr. Ihr könnt alles sein lassen so, wie es ist. Die Dinge verändern sich meistens gar nicht. Die Veränderungen geschehen in euch und in eurem Bewußtsein. Ein und dasselbe erscheint euch mit wechselndem Blickwinkel so, als wäre es anders.

Und nun, zum Schluß, möchte ich euch auffordern, euch so zu lieben, wie ihr seid - denn alles ist in jedem Menschen vollendet.

Öffnet eure Augen für die Vollendung in euch.
Öffnet eure Herzen für euer vollendetes Gegenüber.
Öffnet euch für die Vollendung in allem, was ist.

Ich sende euch meine Liebe.
Vertraut!

Die Stimme des Herzens

Andromeda Rex

Meine Liebe und meine Grüße sende ich an euch.

Dieses Buch und unsere Übermittlungen schreiten voran. Es ist ein Sprachrohr für uns. Wir haben viele, viele Aufgaben und Arbeitsfelder, durch die wir euch Menschen behilflich sein möchten. Dies hier ist eine Möglichkeit, nicht unsere einzige Kommunikationsquelle und nicht das einzige Projekt unserer Arbeit. Unsere Bemühungen für euren Planeten Erde sind auch nicht die einzigen. Es gibt auch andere Planeten, die unsere Unterstützung brauchen. Jedoch ist momentan und in der letzten "Zeit" sehr viel Arbeit und Engagement von uns gefragt. Genauso, wie ihr Menschen nicht die einzigen seid, die wir begleiten und deren Entwicklung wir beobachten, sind wir nicht die einzigen, die euch hilfreich zur Seite stehen. Es gibt viele andere Wesenheiten, viele andere Existenzformen, mit denen wir zum Teil auch zusammenarbeiten, um euch bei eurer Weiterentwicklung zu unterstützen. Wir tun dies nicht nur für euch; - wir tun dies auch für uns. Genauso, wie wir Aspekte von euch sind, genauso seid ihr Aspekte von uns, die wir in Liebe und Frieden führen wollen. Auch wir sind nicht getrennt von euch. Auch wir stehen mit euch in Verbindung. Genauso, wie ihr mit uns verbunden seid, sind wir es mit euch.

Auch im ganzen Universum ist nichts voneinander wirklich getrennt. Das in seiner vollen Dimension und Auswirkung begreifen zu können, ist den meisten von euch nicht möglich, und wenn überhaupt, dann nur für kurze Augenblicke. Das ist in Ordnung. Mein Wunsch, meine Ausrichtung ist die, daß ihr zumindest im Kleinen begreift, daß ihr nicht voneinander getrennt seid. - Und ihr das, was ihr jemand anderem "antut", euch selbst "antut".

Ich stehe mit anderen Planeten, anderen Daseinsformen in Verbindung. Es finden verschiedene Verhandlungen, Beratungen, Austausch und Gespräche statt. Viele für euch nicht sichtbare Daseinsformen nehmen Kontakt zu euch auf, immer wieder und immerwährend. Mehr und mehr Menschen fühlen und erkennen, daß ihr nicht alleine existiert, und ich kann euch dies aus tiefstem Herzen bestätigen. Es gibt viele andere Daseinsformen, wie auch unterschiedliche Menschen. Die ganze Tragweite dessen, was um euch herum auch noch existiert, zu erfahren, wäre unmöglich und würde euch komplett überfordern. Es ist auch wirklich nicht notwendig. Wichtig sind eure Intuition, eure Liebe und euer Vertrauen.

In den spirituellen und feinstofflichen wie auch in den irdischen Bereichen wird es wichtiger und wichtiger, zu unterscheiden. Es wird wichtiger und wichtiger, auf euer Herz und eure Intuition zu vertrauen. Wenn ihr auf Dinge trefft, spürt immer wieder in euer Herz, fühlt in euch: Berührt mich das? Spricht das wirklich zu mir? Ist das für mich passend oder spüre ich starke Zweifel, ein Unbehagen, eine Kälte? In Momenten, in denen ihr unsicher seid, Entscheidungs- und Unterscheidungsschwierigkeiten habt, verschiedene Stimmen und Argumente in euch hört, erinnert euch, euch für die Stimme eures Herzens zu entscheiden; für die Stimme in euch, die sich begeistert, die sich freut, die euch ruft und lockt, die euch nicht anstrengt. Besinnt euch immer wieder auf eure innere Stimme, die euch in Liebe führt, die nicht Leistung und Anerkennung will, die nicht aus euch einen besser funktionierenden Menschen machen will, der sich selbst verleugnet. Die Stimme, die gütig zu euch ist, auch wenn sie einmal streng sein mag. Erinnert euch an Momente, in denen ihr euch von eurer inneren Stimme, eurem inneren Ruf und eurem Herzen habt führen lassen und in friedvollem Einklang mit euch, eurer Entscheidung und eurem Weg ward. Erinnert euch! Erinnert euch an dieses Gefühl! Erweckt es wieder und spürt in Momenten, in denen ihr unsicher seid mit eurer Entscheidung, welche eurer verschiedenen Gefühle und Gedanken diesem Gefühl am nächsten sind oder genau dieses Gefühl in euch verursachen.

Vertraut auf die Stimme eures Herzens bei Menschen, die zu euch sprechen, ebenso wie bei Wesenheiten aus feinstofflichen Welten. Laßt euer Herz entscheiden. Das allein ist wichtig, - die Stimme eures Herzens, - die bedingungslose Liebe.

Auch wenn ihr dieses Buch lest, laßt euch von eurem Herzen leiten.
Spürt, was für euch passend ist in diesem Moment,
oder auch nicht. Seht dieses Buch als einen Vorschlag,
als eine Möglichkeit, und nicht als die absolute, reine Wahrheit.
Es ist eine Übermittlung, die zu dem Moment gültig ist,
und selbst in dem Moment, in dem sie übermittelt wird,
kann sie euch nur einen Einblick geben.
Wir übermitteln Energien in Sprache
und übermitteln sie in einer euch verständlichen Form,
so daß ihr, wenn ihr wollt,
Aspekte aufnehmen und verstehen könnt.
Es beinhaltet letztendlich nicht die absolute Wahrheit.
Wir geben Hinweise, die euch nützlich sein können.
Wir übermitteln euch Botschaften,
die zum Nachdenken und zur Veränderung anregen können
und euch ermuntern, euch der Liebe anzuvertrauen.
In Momenten tiefster Liebe, in denen alles eins ist,
seid ihr der Wahrheit sehr nahe.
Es ist eine Wahrheit, die sich in ihrer Gesamtheit
nicht in Worte fassen läßt.

So übermitteln wir das, was im Großen und Ganzen dem, was wir sagen wollen, entspricht. Jedoch sind die Dinge aus unserem Blickwinkel noch anders.

Aus eurer Daseinsform, aus eurem Blickwinkel könnt ihr das aber nicht komplett begreifen. Am nächsten kommt ihr uns, wenn ihr euch darauf ausrichtet, unsere Energie spüren zu wollen. Es gibt viele Dinge, für die ihr keine Sprache, keine Worte habt. Vieles ist so, wie es ist, reine Energie. Ich bin oft, um in eurer Sprache zu sprechen, "verärgert" und "traurig", wenn ich sehe, wie schnell ihr eure Verantwortung abgebt und glaubt, irgendjemand anderes wüßte, was für euch richtig ist.

Die Verantwortung für das, was für euch passend ist, liegt in euch.
Ganz klar: Es ist eure Verantwortung. Ihr seid es, die fühlen
und spüren könnt, was für euch richtig ist.
Vertraut auf eure innere Führung,
vertraut auf eure Gefühle, auf euer Herz, auf eure Intuition.
Davon kann euch niemand befreien, auch nicht von
eurer Verantwortung euch selbst gegenüber.
Und genauso möchte ich euch jetzt bitten,:
Hört auf die Stimme eures Herzens,
übernehmt, wenn ihr dieses Buch lest, für euch Verantwortung.
Fühlt, was für euch stimmt.
Ordnet euch uns nicht unter.
Sagt nicht, die werden es schon wissen.
Ihr wißt in euch, was für euch stimmt,
und manchmal kann es sein, daß manche Ideen,
manche Vorschläge, Gedanken zu diesem Zeitpunkt
für euch nicht richtig sind, wohl aber zu einem späteren.
All das liegt in eurer Verantwortung.

Ja, wir haben einen anderen Blickwinkel als ihr. Ja, wir können vieles aus einem "höheren" Bewußtsein sehen. Das heißt aber nicht, daß wir alles besser wissen als ihr. Wir sind gleichberechtigte Partner. Auch wir können durch euch lernen. Fast alles im Universum ist noch im Lernen begriffen. Auch Wesen, deren Bewußtsein weiterentwickelt ist als das eure, lernen. Viele von euch tragen ein höheres Bewußtsein in sich. Sie können sich jedoch durch die Beschränkung des menschlichen Körpers nicht voll daran erinnern - nicht das volle Potential ihres Bewußtseins aktiv leben. Das heißt aber nicht, daß es nicht trotzdem vorhanden ist. In dem Moment, in dem ihr Mensch werdet, könnt ihr dieses volle Bewußtsein nicht komplett in euer Menschsein integrieren, und ab diesem Moment seid ihr die meiste Zeit als Mensch in einer niedrigeren Bewußtseinsebene. Viele sehr hoch entwickelte Wesen sind auf der Erde inkarniert, und auch wenn sie sich nicht an ihre wahre Herkunft erinnern, dienen sie auf ihre Art und Weise. So unterschiedlich sind wir nicht. Nur leben wir in einer ganz anderen Dimension. Wir existieren in der Schwingung und Frequenz der Liebe - einer anderen Dimension. Einige unserer Brüder und Schwestern leben unter euch. Auch von vielen anderen Planeten und Existenzformen sind Wesen bei euch inkarniert.

Die Hilfe, die wir euch geben können, ist die Tatsache,
daß wir in einer nicht-dualen Welt existieren.
So können wir euch Informationen aus einer nicht-dualen Welt,
aus einer Welt des Friedens und der Liebe übermitteln,
damit ihr Menschen zu mehr Liebe und Frieden gelangen könnt.
Also übernehmt Verantwortung.
Verlaßt euch auf euch allein,
auf die Stimme eures Herzens und auf eure Antworten.
Seht unsere Botschaften als ein Angebot und nehmt, was euch entspricht.

Wenn ihr euer Herz, eure Intuition sprechen laßt, dann wißt ihr, was gut für euch ist, dann könnt ihr vertrauen und euch hingeben, wenn es angebracht ist, und kritisch und skeptisch sein, wenn ihr merkt, daß die Dinge für euch nicht stimmen. Nicht alles, was sich euch als Hilfe anbietet, muß eine wirkliche Hilfe für euch sein.

In der nächsten Zeit wird es notwendiger und notwendiger sein,
auf euch und die Stimme eures Herzens zu vertrauen,
denn die Fälschungen werden der Wahrheit immer näherrücken,
und das macht sie um so gefährlicher.
Die Distanz zwischen dem "Wahren" und "Unwahren"
verringert sich, so daß es immer schwieriger wird zu unterscheiden,
und nur euer Herz wird euch die Wahrheit sagen.

Die spirituellen Welten öffnen sich euch mehr und mehr. Es gibt mehr und mehr Wesen auf der Erde als auch in den feinstofflichen Bereichen, die in den spirituellen Welten wirken, und nicht immer ist alles zu eurem größten Wohl. Oft vermischen sich persönliche Machtstrukturen, persönliche Machtwünsche mit "göttlichen" Formen, die nach außen als solche verkauft werden. Nicht immer sind die Motive reinen Herzens. Deshalb prüft. Prüft, ob die Quelle reine Liebe ist, oder Machtgier, Machtausübung. Das wird immer wieder passieren. Es ist für euch gar nicht so leicht, euch dem göttlichen Willen hinzugeben. Es ist für euch nicht so leicht, dieser Gier nach Anerkennung und Erfolg reine Liebe entgegenzusetzen. Manchmal werdet ihr glauben, daß eure Motivation reine Liebe ist, und sie ist es nicht. Hört immer wieder in euch, auf die Stimme eures Herzens und auf eure Intuition, um zu unterscheiden. Also, wenn ihr jemandem begegnet und erkennt, daß seine Motivation nicht reinen Herzens ist, jedoch vorgibt es zu sein - urteilt nicht. Auch ihr werdet immer wieder einmal in eine solche Situation geraten. Auch ihr glaubt manchmal, für jemand anderen etwas in reiner Liebe zu tun, und eure Motivation ist nichts anderes als Egoismus. Also urteilt nicht, seht es, spürt es, und unterscheidet.

*****

Übergänge

Andromeda Rex

Es gibt einiges, von dem ich euch noch erzählen möchte. Beginnen wir einmal mit dem Zeitpunkt, an dem für die meisten Menschen das Leben beginnt - der Geburt. Eure Existenz und eure Altersberechnung beginnen mit dem Zeitpunkt der Geburt.

Was passiert da eigentlich? Eure Seele tritt meist zu diesem Zeitpunkt letztendlich in euren Körper ein. Vorher ward ihr oft mit eurem Bewußtsein im Embryo, im Bauch eurer Mutter. Nur war da euer Bewußtsein noch nicht fest im Körper verankert. Ihr konntet gehen und wiederkommen und schon ein bißchen Bekanntschaft machen mit der Welt, mit der Umgebung, in die ihr dann später eingetreten seid. Ich erzähle euch davon, damit ihr euch bewußt seid, bewußt werdet, wie fließend die Übergänge von der feinstofflichen Welt ins menschliche Leben und von eurem Leben in die feinstoffliche Welt beim Tod sind.

Auch wenn es Zeit ist, für euch vom irdischen Leben Abschied zu nehmen, werdet ihr einige Zeit, bevor euer Tod eintritt, darauf vorbereitet. Wenn ihr wach und offen seid, werdet ihr bemerken, daß eure Führer und Lehrer schon vorher aus der feinstofflichen Welt zu euch vermehrt Kontakt aufnehmen. Ihr werdet in Träumen (an die ihr euch zum Teil erinnern könnt), Besuche in den Welten machen, die euch behilflich sein und euren Übergang begleiten werden. Ihr könnt mir vertrauen, daß ihr keine Angst zu haben braucht. In den meisten Fällen werdet ihr vorbereitet werden. Eure Aufgabe wird sein, zu vertrauen und euch fallen zu lassen, selbst wenn ihr große Angst habt.

Die Umstände des Übergangs werden so gestaltet werden, bzw. gestalten sich so, daß ihr keine Angst zu haben braucht, ihr Seelen bei euch haben werdet, die euch, persönlichen Ängsten entsprechend, Vertrauen geben. Manchmal sind es verstorbene

Menschen, die ihr aus eurem Leben schon kennt und die ihr sehr geliebt habt. Meine Botschaft ist: Habt keine Angst!

Seid ehrlich: Welche Ängste habt ihr bei der Vorstellung des Todes? Bei den meisten Menschen ist sehr viel Energie und Kraft in der Angst vor dem Tod gebunden. Eine Kraft, die euch für andere wichtige Dinge des Lebens fehlt. Einige von euch sagen oft so daher:
"Ich habe keine Angst vor dem Tod."
Die Begründungen sind unterschiedlich:
"Ich habe keine Angst vor dem Tod, danach ist eh alles vorbei." "Ich habe keine Angst vor dem Tod, es geht ja eh weiter. Ich trete nur in eine andere Bewußtseinsebene ein." "Ich habe keine Angst, weil ich keine Angst kenne."
Wie oft sind diese Aussagen aus einem oberflächlichen, kopforientierten Blickwinkel heraus gesprochen. Es erscheint vielen wirklich so, weil sie wirklich so denken, und für diesen Teil in ihnen ist es tatsächlich die Wahrheit. Jedoch, in tieferen Schichten sitzt die Angst vor dem Tod trotzdem – ist dort tief begraben. In einem gewissen Maße ist für euch Menschen aus bestimmten Aspekten eures Seins die Vorstellung vom Tod wirklich angstvoll. Das ist verständlich. Ich möchte euch anregen, euch eurer Ängste, den Tod betreffend, bewußt zu werden; sie zuzulassen und zu fühlen, wie sie sich zusammensetzen. Das heißt nicht, daß nicht ein anderer Teil in euch wissen und spüren kann, daß ihr keine Angst zu haben braucht. Das eine schließt das andere nicht aus.

Viele von euch haben in vergangenen Leben sehr schmerzhafte Erfahrungen mit dem Tod gemacht, Erfahrungen, in denen ihr nicht in Ruhe und Frieden und im Einklang mit dem "Göttlichen" sterben konntet und mit dem Tod gehadert habt. Diese Erfahrungen sind in vielen von euch noch präsent. Eure

Ängste, und hier meine ich nicht nur eure Ängste auf den Tod bezogen, werden nicht verschwinden, indem ihr sie ignoriert. Sie können sich erst dann auflösen, wenn ihr ihnen direkt in die Augen schaut.

Wißt ihr, es gibt so viele verschiedene Ebenen, verschiedene Aspekte, den Dingen zu begegnen. Aus unserem Blickwinkel gibt es keine Angst und keine Schuld. In Momenten, in denen ihr unsere "Räume", die Räume jenseits der Dualität, betretet und mit ihnen in Berührung kommt, seht und fühlt ihr wie wir, daß ihr keine Angst zu haben braucht, daß ihr in Liebe angenommen, von Liebe umhüllt und selbst reine Liebe seid. Ihr braucht euch wirklich nicht zu ängstigen. Das heißt aber nicht, daß es nicht gleichzeitig in verdichteteren Ebenen Anteile in euch gibt, die schreckliche Angst haben. Ihr solltet euch nicht komplett mit einer dieser verschiedenen Sicht - und Erlebensweisen identifizieren. Ihr seid alles. Ihr könntet versuchen, mit eurer Angst liebevoll und mütterlich umzugehen. Vielleicht könnt ihr euch ein kleines, verängstigtes Kind vorstellen, dem ihr zuhört, wenn es von seiner Angst spricht, dem ihr zur Seite steht und Sicherheit gebt, auf daß die Angst wieder verschwinden kann.

Ich sehe es als wichtig an, daß ihr immer wieder Erfahrungen macht, in denen ihr aus der Dualität heraustretet und fühlt, daß ihr keine Angst zu haben braucht. - Genauso, wie es wichtig ist, dem kleinen Kind zuzuhören, wenn es Angst hat.

Ein Aspekt des Todes ist, etwas Altes, Vertrautes gehen und sich in etwas Neues, Ungewisses fallen zu lassen. (Obwohl aus meiner Sicht das Neue euch schon lange bekannt ist.) Aus eurem menschlichen Blickwinkel heraus seht ihr das oft als Wahrheit.

Es ist nicht nur mit dem Tod so. Es gibt viele wichtige Stationen in eurem Leben, in denen es schwer ist, das Alte, Vertraute zu verlassen, weil es so "sicher" ist. Selbst wenn ihr euch auf das Neue freut, - es ist so - etwas Altes muß sterben, damit etwas

Neues geboren werden kann. Das ist auch in vielen kleinen Dingen der Rhythmus des Lebens. Aus Angst, das Alte zu verlassen und nichts wirklich Neues vorzufinden, stoppt ihr manchmal diesen natürlichen Fluß. Das erzeugt dann letztendlich größeren Schmerz, als wenn ihr euch dem Fluß des Sterbens und Geborenwerdens einer Idee, eines Gefühls, einer Beziehung usw. hingebt. Ich möchte an dieser Stelle betonen, daß ich mir bewußt bin, wie viele von euch all dieses wissen, ihre Erfahrungen damit selbst gemacht haben und schon vieles zu eurem Wohle und dem eurer Mitmenschen verändert habt. Dennoch ist es mir ein Anliegen, euch noch einmal darauf hinzuweisen.

Ich verabschiede mich in Liebe

*****

Kurz nachdem ich die gechannelten Botschaften dieses Buches empfangen hatte, ging mein Vater in die geistige Welt. Ich durfte an seinem Übergang teilhaben. Mit dem Gefühl tiefster Dankbarkeit möchte ich meine Erfahrungen mit Ihnen teilen.

Mein Vater bekam mit 41 Jahren seinen ersten Herzinfarkt, verbunden mit dem Kampf um Leben und Tod. Trotz weiterer Herzinfarkte und entgegen aller ärztlicher Prognosen wurde er 59 Jahre alt.

Mein Vater wie auch wir wurden schon einige Zeit vorher auf seinen Tod vorbereitet. Er lud "spaßigerweise" im Oktober des Jahres, in dem er starb, auf einer Geburtstagsfeier einige seiner Verwandten zu seiner Beerdigung ein. Sie sahen ihn bei dieser Feier tatsächlich das letzte Mal.

In seinen Träumen bereiste er schon Monate vor seinem Tod verstärkt die geistige Welt. Die Übergänge zwischen irdischem und himmlischem Leben wurden immer intensiver. Meiner Mutter erzählte er immer wieder von Träumen, in denen er seiner verstorbenen Mutter begegnete. Er sah sie auch in dem Schlafzimmer meiner Eltern stehen. Einige noch ungelöste Konflikte, die er in der Realität nicht lösen konnte, bearbeitete er im Traum. Der jüngere Bruder meines Vaters, den er liebte und um den er sich immer wieder bemüht hatte, behandelte ihn oft kühl, herzlos und kalt. Mein Vater jedoch ging immer wieder auf ihn zu, ließ sich zurückweisen und verletzen. Er achtete nicht auf sich, seine Grenzen und seine Gefühle. Er wollte den Kontakt zu seinem Bruder nicht verlieren und bezahlte dafür seinen Preis.

Einige Wochen vor seinem Tode erzählte er meiner Mutter, er habe seinem Bruder endlich einmal die Meinung gesagt. Er habe seinen Bruder ein "Arschloch" genannt und sich gut gefühlt.

Die Beziehung von meinem Vater zu meinem Bruder und mir hatte sich schon Jahre vorher Schritt für Schritt geklärt und gereinigt.

Schon Monate vor seinem Tod habe ich mich gefragt, was es noch Wichtiges mit meinem Vater zu klären gab, und ich fühlte, daß nichts mehr zu klären war. Es gab und gibt ein starkes Gefühl der Liebe für *ihn, auch wenn der Umgang mit ihm für mich manchmal genauso wenig leicht war wie für ihn mit mir.*

Ich bekam Anfang Dezember die Information von "oben", daß er seinen Körper noch vor dem 31. Dezember verlassen würde.
Ich nahm Urlaub und reiste für zehn Tage zu meinen Eltern, die über sechshundert Kilometer von uns entfernt wohnen, um noch Zeit mit meinem Vater verbringen zu können. Wir hatten uns länger nicht mehr gesehen.
Als ich ihm wiederbegegnete, saß er an dem Küchentisch, wo er immer saß, und ich fühlte den Tod bei ihm. Ich verließ das Zimmer und weinte. Ich konnte mein Weinen nicht unterdrücken, es war einfach überwältigend.
Ein halbes Jahr vorher hatte ich schon begonnen, mich von ihm zu verabschieden. Ich beweinte immer wieder einmal, daß die Zeit für meinen Vater gekommen war. Ich fühlte all die Liebe zu ihm, die ich über die Jahre meiner Jugend nicht spüren und zum Ausdruck hatte bringen können. Der Abschied von ihm begann nicht erst ein paar Wochen vor seinem Tod. Ich bekam die Eingebung früh genug, um ihn langsam und allmählich loslassen zu können .
Ein paar Tage vor Weihnachten reiste ich dann mit meinem Mann noch einmal zu meinen Eltern, um wie jedes Jahr dort mit ihnen das Weihnachtsfest zu feiern. Weihnachten war schon immer die absolute Lieblingszeit meines Vaters. Er plante diese Tage schon lange Zeit vorher. Meine Eltern haben einige besondere Rituale für diese Tage entwickelt, die ich selbst in meiner Teenager-Zeit – der "Antizeit", in der mir nichts mehr heilig war - noch liebte und die ich auch zu dieser Zeit nicht missen wollte. Tatsächlich wählte mein Vater diesen heiligen Tag, seinen Lieblingstag, den 24. Dezember, um sich zu verabschieden.
Es war auch einer der wenigen Tage im Jahr, an denen seine gesamte Familie, seine Frau und seine beiden Kinder mit ihren Partnern zu Besuch waren. Auf dem Weg zum "Festessen", dem Beginn unserer

Weihnachtsfeier, hatten mein Bruder und ich ihn unter den Armen eingehakt, weil sein Herz schon so schwach war, daß er kaum noch gehen konnte. Die Tage vorher ging jeder Schritt schwer und ganz langsam. Auf einmal wurde er leicht und schien beinahe über die Erde zu schweben. Der Sterbeprozeß begann. Seine Augen wurden starr, im Körper war nur noch ein Rest Leben. Wir brachten ihn auf einen Stuhl, meine Mutter setzte sich ihm zu Füßen. Dabei floß eine einzelne Träne aus seinem Auge. Mein Bruder hielt die linke Hand meines Vaters und ich auf der rechten Seite seinen Kopf. Ich schloß die Augen und fühlte, wie sich seine Seele immer mehr vom Körper verabschiedete. Ich begleitete ihn in die feinstoffliche Welt mit dem Gefühl, daß er ich und ich er bin. Die Grenzen zerflossen. Es war ein Gefühl tiefen Friedens. Er ließ los, er vertraute, er gab sich dem Sterben seines Körpers hin.

Dann war der Körper meines Vaters tot, die Seele meines Vaters in tiefem Frieden herausgetreten.

Plötzlich hörte ich jedoch seinen Atem, so wie er immer laut geatmet und nach Luft geschnappt hatte (obwohl sein Körper schon lange nicht mehr atmen konnte). Ich war irritiert, fühlte die Energie meines Vaters über seinem Körper schweben und hörte ihn sagen, er müsse doch atmen, wie er es immer getan hätte. Ich sagte innerlich zu ihm, daß er nicht mehr atmen brauche, er entspannen und vertrauen könne. Ich spürte, wie er wieder ruhiger und friedlicher wurde, es wurde Licht und er entfernte sich immer mehr. Plötzlich ertönte die Türglocke. Im ersten Moment empfand ich sie als höchst unangenehme Störung. Dann fühlte ich, daß die Glocke eine Art Ruf für meinen Vater bedeutete und es zu diesem Zeitpunkt vollendet war.

Wir legten ihn in sein Bett, blieben noch eine Weile bei ihm, beteten, meditierten; meine Mutter, mein Bruder Christoph, seine Freundin; mein Mann Guido und ich, jeder auf seine Art und Weise. Später bemerkten meine Mutter und ich, daß alle Gerüche meines Vaters, die schon einige Wochen vor seinem Tod sehr intensiv gewesen waren, aus getragener Kleidung, Kissen und überall dort, wo wir sie sonst wahrgenommen hatten, völlig verschwunden waren. Seinen Geruch, seine Energie hatte er im Prozeß seines Todes scheinbar komplett mitgenommen bzw. aufgelöst. Das schien wie ein Wunder. Für mich war es so konsequent, so total, wie mein Vater nun einmal war. Sein Tod war mit vielen, vielen Kleinigkeiten und Zufällen, die keine waren und die zu erwähnen hier den Rahmen sprengen würden, unglaublich vollendet.

Weihnachten war schon immer "sein" Tag: Weihnachten - die Geburt Jesu Christi. Seine ganze Familie war versammelt, was zu einem anderen Zeitpunkt auf Grund der großen örtlichen Entfernungen nicht der Fall gewesen wäre. Obwohl meine Mutter, mein Bruder und ich zuerst den Zeitpunkt der Beerdigung für den 30. Dezember geplant hatten, war dies wegen vieler äußerer Umstände nicht möglich. - Gott sei Dank - Denn die Wahl meines Vaters war wohl der 31. Dezember, Silvester – der Tag, an dem so viele Menschen feiern - Abschied feiern. So haben wir dann auch seine Beerdigung mit eigenen Texten und gesungenen Liedern selbst gestaltet. Wie eine Feier. Eine Feier des Übergangs. Frieden; Tränen, Trauer und Glück.

Diese zwei bis drei Wochen kamen mir vor wie Jahre. Ich hatte das Gefühl, Erfahrungen von Jahren gemacht zu haben.

Seitdem hat sich einiges in mir verändert. Mein Bezug zum Tod ist Dank dieser außerordentlich positiven und kraftvollen Erlebnisse und Dank meines Vaters ein anderer geworden. Ich wußte nicht nur, sondern erlebte und fühlte, daß es weitergeht, wir geführt werden und alles in sich vollendet ist, wenn wir nur vertrauen.

Durch meinen Vater ist mir die "menschliche" Entwicklung in der geistigen Welt vertrauter geworden, eine wiederum ganz andere Ebene als die, die mir unter anderem durch die Energien von Lady Nada und den Wesenheiten von Andromeda schon vertraut ist.

Der irdische Kontakt zu meinem Vater war beendet. Ein Kontakt, eine Beziehung auf einer neuen Ebene begann.

Ich verbrachte noch einige Tage bei meiner Mutter. Und schlief nachts neben meiner Mutter im Bett meines Vaters. Ich hielt die Hand meiner Mutter, die sehr traurig war und weinte, während ich die Energie meines Vaters zuerst im Raum, dann in mir fühlte. Plötzlich begann meine Hand die Hand meiner Mutter zu streicheln, aber es war nicht ich, die sie streichelte. Die Bewegung meiner Hand war nicht meine. Es war die Art, wie mein Vater gestreichelt hat, den ich zu meiner Mutter sagen hörte: "Ich liebe dich. Sei nicht traurig." Als mir bewußt wurde, was geschah, erschreckte ich mich sehr, nahm meine Hand zurück und versuchte, mich zu ordnen. Ich beruhigte mich wieder, sagte meinem Vater innerlich hallo und hielt die Hand meiner Mutter wieder auf meine Weise. Meiner Mutter erzählte ich nichts. Energien wirken für sich.

Die ersten Wochen und Monate begegnete ich meinem Vater immer wieder im Traum. Danach wurde unser Kontakt weniger. Ich fühlte, wie er weiter in die geistigen Welten ging. An einem Wochenende im April, also vier Monate nach seinem Tod, träumte ich in einem Hotel mit dem Namen Kristall an einem bewegten Bach von meinem Vater. Ich wachte auf und fühlte, wie beunruhigt mein Vater war. Ich sprach innerlich mit ihm. Ich fragte ihn, was denn los sei, und er erzählte mir, er müsse in seiner Welt einen Schritt weitergehen, wozu erst einmal die Notwendigkeit bestünde, uns alle für einige Zeit zu vergessen. Er habe aber Angst davor, und vor allen Dingen fühle er sich schuldig, uns zu "verlassen". Es schaltete sich eine höhere Energie ein, die erklärte, es sei nur vorübergehend, jedoch sehr notwendig, damit er sich in den feinstofflichen Welten besser zurechtfände und Verschiedenes geklärt und geregelt würde. Es wäre jedoch schwer, meinen Vater zu überzeugen, weil er sich uns gegenüber verpflichtet fühle. Ich sagte meinem Vater, daß er frei sei und wir in Liebe verbunden. Mein Herz raste, ich war tief berührt.

Es gab tatsächlich eine längere "Sendepause", dann wieder vereinzelte Kontakte, die jedoch immer weniger wurden. Manchmal fühle ich auch seine Unterstützung.

Die Konfrontation in der feinstofflichen Welt mit seinem "alten" Leben war, aus meiner Beobachtung heraus, nicht immer leicht für ihn. Auch er hat drüben zu lernen, genauso wie wir hier. Ich lebe mein Leben. Er lebt in seiner Welt, und manchmal gibt es Berührungspunkte.

Meine letzte, sehr kurze Begegnung hatte ich in einem Traum. Ich schlief ausnahmsweise einmal bis viertel vor neun. Sonst bin ich Frühaufsteherin. Ich sah meinen Vater an einem Tisch sitzen. Er sagte, er habe meiner Mutter in die Seele geschaut. Im Laufe des Tages telefonierte ich mit meiner Mutter, die mir erzählte, auf ihrem Balkontisch, an der Stelle, wo mein Vater immer gesessen hatte, habe unglaublich lange ein Vogel gesessen, der sie eindringlich anschaute. Sie dachte an meinen Vater. Es war gegen halb neun, ungefähr die Zeit, in der ich von meinem Vater geträumt hatte. Zufall? Alles ist möglich.

Die Beziehung zu meinem Vater und sein friedvoller Übergang in die geistige Welt haben mich vieles gelehrt. Wir werden auf alles vorbereitet, wenn wir uns nur dafür öffnen. Trotz vieler Tränen war der Abschied von meinem Vater eine tiefe, liebevolle Erfahrung, die mich um vieles reicher machte.

*****

Erwachsen werden

Andromeda Rex

Heute möchte ich mit euch über eure Beziehung, über euere Gefühle zu euren Eltern sprechen. Ich weiß, daß für viele von euch die Beziehung zu den Eltern sehr emotionsgeladen ist. Das ist oft so - auch wenn es nach außen nicht so wirkt -, selbst wenn ihr zu euren Eltern keinen Kontakt mehr habt. Dennoch ist die Verbindung, die ich meine und von der ich erzählen werde, nicht von der Häufigkeit eurer Begegnungen und eures Kontaktes abhängig. - Selbst wenn eure Eltern gestorben sind oder nur ein Elternteil gegangen ist, bleibt eine innere Verbindung. Es macht von der energetischen Verbindung her keinen Unterschied, ob sie leben oder nicht.

Ja,. eure Eltern sind ein wichtiger Spiegel für euch. Eure Eltern spiegeln die mütterlichen und väterlichen Anteile von euch im Außen. Letztlich habt ihr auch eure Beziehungen zu ihnen selbst geschaffen. Ihr habt eure Eltern gewählt, bevor ihr auf die Erde kamt. Es ist kein Zufall, daß ihr in dieser Familie seid und in sie hineingeboren wurdet.

Es ist kein Zufall, daß deine Eltern sich so verhalten, wie sie es tun. Es ist kein Zufall, daß deine Eltern so sind, wie sie sind. Die Geschehnisse deiner Kindheit sind kein Zufall. Es ist kein Zufall, wie du deine Kindheit erlebt hast. All das sind Elemente, Puzzlesteine eines großen Plans. Du hast dir die Umgebung, die Eltern, die Geburtskonstellation und alles andere selbst gewählt. Du hast dir die Situation und Umgebung gewählt, die dir und deinem Wachstum am besten dient. Insofern sind die Geschehnisse in deiner Kindheit, in deiner Jugend und deiner Familie optimal gewesen. Du wähltest die Umstände, die dir am besten dienten, die Umstände, die dir helfen und geholfen haben, bestimmte Gefühle, bestimmte Verhaltensweisen, bestimmte Dynamiken und bestimmte Energien in dir wahrzunehmen und zu erkennen. Und zum Teil auch, um bestimmte Fähigkeiten zu entwickeln. Auch wenn deine Eltern dich mißhandelt haben, dich unterdrückt haben, auch wenn deine Eltern dich bestraft haben, dich gefühlsmäßig unterversorgt haben. So waren es die Umstände, die dir dienten.

Grundsätzlich ist es nicht zu entschuldigen, wenn Eltern ihre Kinder mißbrauchen, sie emotional unterversorgen, wenn Eltern ihre Kinder einengen, sie unterdrücken, zuviel von ihnen fordern, aus ihren Kindern etwas machen wollen, das ihrem Wesen nicht entspricht. Das ist jedoch ein eigenes Thema. Hier geht es um den Frieden mit eurer Vergangenheit und euren Eltern. Und der Schlüssel liegt darin zu erkennen, daß alles, wie es war, seinen Sinn hatte - und nicht nur seinen Sinn hatte, sondern euch bestmöglichst diente.

Schaut doch einmal zurück, welche Kräfte verschiedene Schwierigkeiten in euch mobilisiert haben! Wie oft verspüren Menschen, die über lange Zeit unterdrückt wurden, umso stärker, wie wichtig ihnen ihre Freiheit ist. Wißt ihr, auch die Umstände, die euch quälten, haben euch gedient. Ich weiß, daß viele, die dieses Buch lesen, von einigen Schicksalsschlägen und Schwierigkeiten heimgesucht wurden. - Und gerade ihr, die ihr zurückblickt: Haben euch nicht gerade eure Schwierigkeiten auf die Suche nach euch selbst gebracht? Haben nicht gerade die Probleme euch nach "Neuem" suchen lassen? Habt ihr nicht vielleicht Fähigkeiten und Kräfte entwickelt, die ihr in dem Maße erst durch eure Schwierigkeiten entwickeln konntet?

Und an dieser Stelle möchte ich noch einmal auf eure Eltern zurückkommen. Befreit eure Eltern und euch von Schuldzuweisungen. Ihr seid für euer Leben selbst verantwortlich, und ihr seid es immer gewesen. Eure Eltern übernahmen eurem inneren

Bild gemäß die Rollen. Ihr könnt euch einmal fragen: "Wie habe ich meinen Vater erlebt und wie erlebe ich ihn jetzt?" Wenn er streng und dominant war, könnt ihr euch fragen: "Was ist mit dem väterlichen, männlichen Anteil in mir? Ist er auch so streng zu mir? Gehe ich mit mir auch so streng um? Bin auch ich zu mir so hart?" Genau in der Art könnt ihr euch auch mit eurem inneren weiblichen Anteil konfrontieren. Das, was ihr von euren Eltern erwartet und erwartet habt, versucht euch selbst zu geben. Seid euch selbst diese Mutter, seid euch selbst dieser Vater, mit den Qualitäten, die ihr euch wünscht. Konfrontiert euch mit den Verhaltensweisen eures Vaters und eurer Mutter, die ihr nicht akzeptieren könnt und für die ihr euren Eltern die Schuld gebt. Alles, was außen ist, ist in euch.

Wenn ihr mit euren Eltern in euch Frieden schließt, öffnet sich der Weg zum Göttlichen. - Wenn ihr euch Vater und Mutter sein könnt, in liebevoller Art und Weise, öffnet sich eine nicht geahnte Dimension.

Wenn sich die Eltern in dir vereinen, ist das auch der Punkt der Empfängnis deiner Person. Die Eltern, die sich vereinen, ist der Ausgangspunkt dieser Inkarnation, und wenn sich die Eltern in dir wieder vereinen, trittst du an diesen Punkt, der dir eine neue Welt eröffnet.

Mit euren Eltern Frieden zu schließen kann auf vielfältige Weise geschehen. Manchmal, wenn ihr nur in der Anpassung mit einem oder beiden Elternteilen lebt, ist es möglicherweise notwendig, euren Ärger einmal zu spüren und euch abzugrenzen - habt ihr wiederum oft in Streit und Haß mit ihnen gelebt, seht und fühlt das Verbindende und Gemeinsame.

Frieden zu schließen heißt nicht
Harmonie um jeden Preis.
Frieden zu schließen heißt nicht, euch aufzugeben.

*Frieden zu schließen mit euren Eltern heißt nicht,
alles an ihnen gutzuheißen und unkritisch zu werden.*
**Frieden mit euren Eltern zu finden bedeutet, eure Projektionen zu euch zurückzunehmen und zu sehen, daß ihr euch eure Situation selbst gesucht und selbst geschaffen habt. Eure Eltern sind nicht schuldig.
Mit euren Eltern Frieden finden heißt, die Verantwortung immer mehr für euch selbst zu übernehmen, in eurer Verantwortung zu sein, die Abhängigkeiten zu lösen und ein eigener freier Mensch zu sein.**

Es bedeutet auch, die Eltern - Kind Energien und Dynamiken zu euch zu nehmen. In Situationen, in denen ihr euch wie ein kleines Kind fühlt und euer inneres Kind eine Mutter braucht, seid euch selbst diese Mutter. Auch als erwachsene Menschen existieren so viele kleine Kinder in euch, und dennoch ist die Zeit vorbei, wo ihr mit eurem Hauptaspekt, eurer Hauptidentifikation diese Kinder leben könnt. Ihr seid erwachsen. Vieles ist anders als in der Zeit, in der ihr Kind wart. Verschiedenes könnt ihr im Außen, im Praktischen, in der Form, wie ihr es euch wünscht und ihr es als Kind nicht erleben konntet, nicht mehr wiederholen. Es ist notwendig, daß ihr euch davon verabschiedet und erkennt, daß ihr verschiedene Bedürfnisse eures inneren Kindes durch eure eigenen erwachsenen Anteile, eure eigenen väterlichen und mütterlichen Anteile in euch versorgen könnt. Ihr seid die Eltern für euer inneres Kind, auch für das verlassene, ängstliche, einsame und schmusebedürftige Kind. Ihr seid dafür verantwortlich, daß die Bedürfnisse eures inneren Kindes gestillt werden. Die Zeiten, in denen dies eure Eltern übernehmen, sind vorbei. Es ist notwendig, das zu erkennen. Hadert nicht wegen der Dinge, die ihr von euren Eltern nicht bekommen habt, sondern gebt euch mit euren inneren Eltern das, was ihr euch von euren Eltern gewünscht habt. Laßt euer inneres Kind nicht emotional verhungern; macht euch nicht darüber lustig, wenn es Angst hat. Seid ihm gute Eltern.

Wie oft habt ihr eure inneren Bedürfnisse vernachlässigt? Wie oft habt ihr nicht auf die Wünsche eures inneren Kindes gehört? Wer soll sich darum kümmern, wenn nicht ihr? Und wer, wenn nicht ihr, kann verstehen, wie schwer es ist, die Bedürfnisse des inneren Kindes zu erkennen, sie wertzuschätzen und sie dann je nach Situation zu erfüllen? - Und wenn ihr nun einmal im Außen seht, daß euer inneres Kind das Kind von damals ist; - wie könnt ihr dann euren Eltern Vorwürfe machen? Natürlich kann man jetzt sagen, da ihr es von euren Eltern nicht gelernt habt, könnt ihr es jetzt auch nicht. Und dennoch ist es eure Verantwortung und eure Wahl.

Ich möchte euch ermuntern, die Stimmen des inneren Kindes, die Bedürfnisse nach Nähe und Geborgenheit, seine Ängste, seine Sorgen und seine Freude zu beachten. Wißt ihr, wenn ihr es nicht beachtet, wird es sich Beachtung suchen - bis es gehört wird - und wenn ihr es nicht hören wollt, werdet ihr es als sehr störend empfinden, da dieses euer inneres Kind in Situationen auftritt, in denen ihr es gar nicht gebrauchen könnt.

Aber nicht in allen Situationen kann es euch hilfreich sein. Manchmal solltet ihr auch mit ihm reden und sagen: "Nein, jetzt kann ich dir nicht lange zuhören, wir sprechen später miteinander", und dann sprecht ihr später mit ihm. Und einmal mehr möchte ich euch auffordern, für euer inneres Kind, das in euch lebendig ist, gute Eltern zu sein. Und wenn ihr das als eine Aufgabe annehmt, werdet ihr sehen, daß eure inneren Eltern euren wirklichen Eltern sehr ähneln. - Zumindest zu Beginn. Und wenn ihr Kinder habt und selbst Eltern seid - gerade dann solltet ihr verstehen, wie schwer es ist, als Eltern "alles richtig" zu machen. Ihr erkennt, daß ihr nicht "alles richtig" machen könnt. An euren Kindern liegt es später, für sich selbst Verantwortung zu übernehmen und zu sagen: "Das und das möchte ich ändern."

Ihr könnt eure Kinder nicht perfekt erziehen. Aber aus einem höheren Blickwinkel ist es dennoch perfekt. Die perfekten Eltern aus eurem irdischen Blickwinkel gibt es nicht. Und dennoch ist das, was ihr für unperfekt haltet, aus einem anderen Blickwinkel perfekt. So habt ihr die für euch perfekten Eltern gehabt, die euch das lehrten, was für euch ganz speziell wichtig war zu lernen. Eure Eltern erfüllten ihren "Job", so wie ihr den euren.

Tretet heraus aus dem Schatten der kleinen, geschädigten Kinder, werdet erwachsen und nehmt die Projektionen auf eure Eltern zurück. Die Beziehungen zu euren Eltern zu reinigen und zu klären ist ein wichtiger Schritt auf eurem Weg. Aus meiner Sicht ist es ungeheuer wichtig.-

Übernehmt Verantwortung für eure Gefühle, übernehmt Verantwortung für die Wut, die ihr auf sie habt, für die Liebe, die ihr für sie empfindet. Gebt dem nach, was in euch ist. Vielleicht wollt ihr ihnen etwas sagen, was ihr schon immer sagen wolltet. Vielleicht wollt ihr einmal nein sagen, wo ihr immer ja gesagt und euch nicht getraut habt. Vielleicht wollt ihr einmal ja sagen, wo ihr immer abgelehnt habt. Es gibt so viele Möglichkeiten. Opfert euch nicht um der Harmonie willen. Der Frieden wird kommen, wenn ihr als erwachsene Individuen in eurer Kraft seid und eure Eltern in ihrer Kraft sein lassen könnt. Der Tag wird mehr und mehr kommen, an dem ihr diesen Frieden findet.

Eure Eltern sind Seelen, Wesen, die halt in diesem Leben eure Eltern sind. Sie haben für dieses Leben diese Rolle übernommen. Ihr seid eigenständige und unabhängige Wesen und Seelen. In anderen Inkarnationen ward ihr vielleicht einmal die Eltern eurer Eltern, und sie waren vielleicht einmal eure Kinder. Das kommt sogar sehr oft vor. Versucht, eure Eltern mehr und mehr als eigenständige Wesen zu sehen. Sie sind eure Eltern, und dennoch sind sie es nicht. Eure wirklichen Eltern leben in euch. Und wenn ihr Angst habt, eure Eltern zu verlieren, wenn ihr euch nicht so verhaltet, wie sie es erwarten - ihr werdet sie nicht verlieren. Und trotz dieser Angst solltet ihr das tun, was für euch richtig ist. Ihr solltet euch nicht von eurer Angst, nicht geliebt zu werden, zurückhalten lassen. Fragt euch lieber: "Was ist mit der Liebe meiner väterlichen und mütterlichen Anteile in mir zu mir?"

Ich wünsche euch viel Spaß auf eurer Reise und möchte mich mit dem Satz verabschieden:

Eure Eltern sind nicht eure Eltern. Eure Eltern sind in euch.
Nehmt sie zu euch zurück und laßt sie sich in euch vereinigen.

*****

Das Geschenk der Natur an die Menschen

Hallo, hier spricht Andonella.

Ich möchte euch zuerst einmal von mir und meiner Energie erzählen. Auch ihr tragt einen Aspekt von mir in euch. Wißt ihr, ich bin sehr verspielt, und mir sind der Spaß, die Freude und der Blick für viele Einzelheiten, für euch oft "Kleinigkeiten", zueigen. Ich beschäftige mich wenig mit ernsten Dingen oder ernsten Umständen. Ich habe sehr viel "Zeit" zum Spielen. Ich erschaffe und sehe wunderschöne Blumen. Ich kommuniziere mit ihnen. Sie sind wie meine Kinder, und ich kann mich so an ihnen erfreuen.

Hier bei uns gibt es wunderschöne Blumen, in den schönsten Farben, die ihr euch nur erträumen könnt. Es gibt so viele Formen, so viele Farben. Sie verbreiten sich und leben in unendlicher Sanftheit. Mir sind die Blumen sehr nah. Sie haben wirklich ein eigenes Leben und freuen sich über meine Liebe und meine Aufmerksamkeit. Ich kommuniziere oft mit ihnen. Ich höre mir ihre Sorgen an, erfreue mich an ihrem Wachstum, ich bin einfach mit ihnen. Und in jedem Moment, in dem ich mit ihnen bin, ich mich an sie erinnere und ihnen meine Aufmerksamkeit gebe, fließen Energien der Liebe. Sie freuen sich so sehr, wenn sie mit mir kommunizieren können, so wie ich mich freue. Sie erzählen mir Geschichten, sie berichten mir von ihren Erlebnissen. Sie leben in der ihnen eigenen Art. Sie schenken mir wunderbare Düfte in sanfter und beglückender Art. Es ist ein Austausch. Ich nehme ihren Duft auf und an und schenke ihnen meine Aufmerksamkeit, meine Freude über ihre Schönheit. Sie sind für mich eine Zuflucht, geben mir Ruhe, und ihre Schönheit strahlt in voller Würde. Wißt ihr, ich liebe die Düfte der Blumen, ich liebe die Farben der Blumen, ich liebe ihre Formen. Sie sind eine große Freude. Auch für euch Menschen, wenn ihr nicht Blumen in dieser Vielfalt und unendlichen Schönheit habt, wie ich sie kenne, so habt auch ihr wunderschöne Blumen und wunderschöne Pflanzen, die, wenn ihr euch ihnen öffnet, bereit sind, euch zu beschenken mit ihren Düften, ihrer Schönheit und ihrem Strahlen. Auch eure Blumen warten auf eure Aufmerksamkeit, auf eure Liebe. Sie werden um so vieles schöner werden, wenn ihr ihnen eure Liebe und euer Herz schenkt. Öffnet euch für die Schönheit einer Blume, für ihren Geruch, ihren Duft, und seid ganz mit ihr, ganz in ihr. Seid gewiß, ihr werdet beschenkt.

Es gibt viele von euch, die Blumen lieben, wie ich auch, und die mit ihren Pflanzen und Blumen sprechen. Eure Pflanzen und Blumen freuen sich. Eine Pflanze ist ein lebendiges Wesen. Auch sie ist Energie, die mit euch in Austausch steht. Auch sie möchte geehrt werden. Ist sie nicht bereit, euch zu erfreuen? Die Begegnung mit einer Blume kann wie eine Meditation sein, wie ein Geschenk des Himmels, das auf der Erde wächst und auch euch an eure Schönheit und Vollkommenheit erinnert. Und ganz einfach ist sie da, um euch zu erfreuen. Erfreut ihr euch an einer Blume, schenkt ihr dieser ebenfalls größte Freude. Eure Blumen, eure Tiere – sie alle sind Lebewesen, die, obwohl so verschieden, gleich sind. Auch hier gibt es keine Werteskala aus unserer Sicht. Die Menschen sind nicht besser als die Tiere oder besser als die Pflanzen. Ihr seid alle Energie, in verschiedenen Formen und Entwicklungsstufen. Kein Mensch kann wirklich im Einklang mit sich sein, wenn er Blumen und Tiere verabscheut. Auch ihr tragt Energien von Pflanzen und Tieren in euch. Ihr seid nicht getrennt voneinander. In den vielen kleinen, für euch oft nebensächlichen Dingen eurer Welt und eures Lebens sind viele wichtige Dinge verborgen.

Die Natur, die ihr um euch habt, ist ein unendliches Geschenk. Mit ihr im Einklang zu sein, kann euch großen Frieden bringen. Wer kennt das nicht? Wenn ihr manchmal in der freien Natur seid und euch ganz öffnet, kehrt dann nicht dieses Gefühl von Ruhe und Kraft in euch ein? Ihr könnt in der Natur eure Kräfte wieder sammeln. Ihr könnt wieder ein kleines Kind sein; ihr könnt eure Sinne öffnen für die Düfte, für die Temperaturen, für den Wind, der eure Haut streichelt. Ein Spaziergang in der Natur kann Balsam für eure Seele sein; - kann euch zu eurer eigenen inneren Natur zurückführen. - Weg von der Unruhe des Alltags; weg von alldem, was euch aus eurer Mitte bringt.

Seid ihr mit offenen Sinnen in der Natur, gibt es so viel zu entdecken. In den Wäldern, in den Wiesen ist weitaus mehr Leben, als die meisten von euch sich vorstellen können. Es gibt viele Wesen, die nicht inkarniert sind und sich dort aufhalten. Es gibt Gnome, Elfen, Feen und viele andere Formen, die im Wald auf euch warten, um mit euch zu kommunizieren. Seid ihr offenen Sinnes, werden sie sich freuen, mit euch in Kontakt zu treten. Sie wollen sich vor euch nicht verstecken. Sie wollen mit euch in Austausch treten, und sie sind bereit, wenn ihr reinen Herzens seid, euch in ihre Welt zu führen. Sie haben sehr viel zu tun, sie kümmern sich um eure verwundeten und sterbenden Bäume. Sie haben ihre Aufgabe, und für manchen von euch haben sie eine Botschaft. Das können ernste Anliegen sein;- doch oft möchten sie euch einfach nur unterstützen, zu eurer Mitte, in die Ruhe, zu eurem Frieden zurückzukehren.

So viel Leben existiert in eurer Natur, so viele Energien gibt es, die mit euch in Verbindung treten, die euch Freunde sein wollen. Sobald ihr bereit seid, kann ein Austausch geschehen. Ihr werdet reich beschenkt werden.

Wirklichen Frieden in euch zu finden, ist für euch Menschen sehr schwierig - weil ihr den kleinen, natürlichen und für euch oft unwichtigen Dingen nicht genug Aufmerksamkeit entgegenbringt und glaubt: Was kann mir das schon geben? Oft sind es eben diese kleinen, natürlichen Dinge, die euch erfreuen können, wenn ihr es nur wollt.

Für euch Menschen wird es in der nächsten Zeit wieder wichtiger werden, euch an eure Natur zu erinnern - an eure innere Natur sowie an die Natur im Äußeren. Schwierig ist es für euch, glücklich zu sein, wenn ihr euch von der Natur in euch und der äußeren Natur wegbewegt und entfernt habt. Dann sind tiefes Glück und tiefe Freude nicht mehr möglich. Sich zu Hause zu fühlen, glücklich zu sein und sich zu freuen – das sind die Momente, in denen ihr im Einklang seid mit dem, was ihr seid, mit dem, was eure wahre Natur ist, wo ihr im Einklang seid mit dem, was ist. Dafür braucht ihr theoretisch und auch praktisch keinerlei Hilfsmittel. Jeder Moment trägt die Möglichkeit des Einsseins mit der Natur, mit der inneren Natur in sich. Und trotzdem erleichtert ihr euch dieses Im-Einklang-sein mit euch, wenn ihr natürlich lebt. Wenn ihr in natürlicher Umgebung lebt, könnt ihr euch leichter an eure innere Natur erinnern. Damit möchte ich jedoch nicht sagen, daß jemand, der in der Stadt fernab der Natur lebt, nicht mit seiner inneren Natur in Einklang sein kann. Es hängt immer von euch selbst ab. Und dennoch erleichtert auch eine natürliche Umgebung, eine Umgebung, die in Einklang mit eurem natürlichen Sein ist, euch daran zu erinnern, euch in euch selbst zu Hause zu fühlen.

In eurer Gesellschaft und in eurem Leben gibt es so vieles, was euch von eurer wahren Natur, eurem wahren Sein ablenkt und im Vergleich dazu ganz wenig, was euch zu euch selbst zurückführt. Nur wer wach ist, findet diesen Weg zu sich selbst zurück. Eure wahre innerste Natur ähnelt der äußeren Natur; - wie die Blumen, von denen ich euch erzählte, voller Schönheit, voller wunderbarer Düfte und mit einer großen Freude zu sein, einfach so, wie ihr seid, so zu sein, wie es euch entspricht. Vielleicht könnt ihr euch, wenn ihr in der Natur seid, an eure eigene wahre Natur erinnern, an die Natürlichkeit, die in euch lebt. Vielleicht könnt ihr euch einmal den Wesen in den Wäldern und Wiesen öffnen, die mit euch kommunizieren können und die so manche Botschaft für euch haben. - Vielleicht könnt ihr auch einfach in der Natur sein und nur sein - ganz in der Natur und in dem Moment, - und eure Sinne öffnen für die Sinnlichkeit, die Ruhe und den Frieden. Es kann wie eine Reise sein, eine Entdeckungsreise in eine euch bekannte und doch so unbekannte Welt.

Auch wenn ihr euch in der Natur allein aufhaltet, seid ihr dort nicht allein. Auch wenn ihr euch einmal einsam fühlt und in die Natur geht, öffnet euch der Vielzahl von Wesen, öffnet euch den Energien der Natur, und ihr werdet euch nicht mehr einsam fühlen. Kennt ihr das Gefühl, in der Natur zu sein und euch so seltsam aufgehoben zu fühlen, geborgen und angenommen? Kennt ihr das Gefühl, in der Natur Kräfte zu sammeln, die Energien wieder aufzufüllen? Ihr könnt zu jeder Zeit davon Gebrauch machen.

Die Naturwesen und die Natur erwarten euch. Sie wollen mit euch spielen, sie wollen mit euch lachen, sie wollen sich mit euch erfreuen. Da sind viele kleine und große Spielkameraden, die auf euch warten und euch in eine wunderbare Welt entführen. Eine Welt, die immer in der euren existiert und dennoch kaum wahrgenommen wird. Es ist ein Austausch. Die Naturwesen, die Bäume, die Pflanzen, die Blumen - sie alle freuen sich über eure Aufmerksamkeit, und sie warten darauf, euch mit ihrer Schönheit zu beschenken. Tretet einmal ein in dieses Reich - in das Reich der Natur, in eure innere sowie äußere Natur.

Die Gnome sind zum Teil so lustige Wesen - sie springen und tanzen umher und lachen fast den ganzen Tag. - Wenn ihr euch der Energie eines solchen tanzenden Gnomes anschließt, könnt auch ihr lachen, tanzen und springen und euch von euren Alltagslasten befreien. Diese Welten mögen zum Teil feinstofflich sein, - und trotzdem sind sie sehr real. Sie sind eine irdische und reale Kraftquelle. Sie verbinden euch mit der Erde und gleichzeitig über ihre feinstofflichen Bereiche mit dem Himmel und mit eurer Quelle.

Die Natur hat euch so viel zu geben - der kristallklare Bach, der Wasserfall, das Meer. Sie haben so viel Kraft und ihre Geschenke sind so vielfältig. Das kristallklare Wasser, das euch Klarheit und Reinigung schenkt, der tiefe vielschichtige Tümpel, der euch zu euren inneren Tiefen, zu undurchsichtigen Bereichen eurer selbst führt. Der zwitschernde Vogel, der euch an eure Stimme, euren Gesang, an euer munteres Gezwitscher erinnert. Werdet der zwitschernde Vogel, der vor Freude singt. Werdet zu dem kristallklaren Wasser der Reinigung und Klarheit. Werdet zu dem Tümpel der Geheimnisse, des Verborgenen und Unbewußten.

Ich sage euch, diese Reise lohnt sich. Die Reise zu eurer wahren Natur. Die Reise durch die Natur zu eurer wahren inneren Natur. Habt Spaß, und seid Spaß und Freude, springt und lacht. Ihr seid dort willkommen!

*****

Kontakt zu dem Göttlichen in dir

Seid gegrüßt im Namen des All-Einen. Hier spricht Andromeda Rex. Ich möchte mit euch über euren Glauben, eure Religionen, über eure Vorstellungen von Gott reden.

Die Vorstellungen, die ihr vom Göttlichen durch die Religionen eurer Kulturen entwickelt habt, sind sehr beschränkt. Es ist der Versuch, etwas, das formlos und unendlich ist, in eine Form zu bringen. Genauso wie auch ich versuche, Formloses in eine für euch verständliche Form zu bringen. Es ist ganz natürlich, daß das, was euch vermittelt werden kann, eine begrenzte Form dessen ist, was wirklich ist. Und dennoch sind die Vorstellungen und Mitteilungen der meisten eurer Religionen weitaus begrenzter als es notwendig wäre. Und an diesem Punkt möchte ich ansetzen.

Viele Religionen wollen euch bestimmte Normen, bestimmte Richtlinien vermitteln; damit ihr überschaubar, damit ihr berechenbar seid und einschätzbar. Sie wollen euch bewußt oder unbewußt in einer Abhängigkeit von ihren Vorstellungen halten. Viele Religionen unterteilen in "Gut" und "Böse" und betonen, wie wichtig es ist, gut zu sein. Dieser Blickwinkel von Gut und Böse ist sehr eingeengt. Das Göttliche und die göttliche Essenz in euch sind jedoch viel weiter, viel unbegrenzter und allumfassender. Wie kann euch eine Kirche, eine Religion, sagen, daß Sexualität außer zum Erzeugen von Kindern "schmutzig ist, Sünde"? Warum glaubt ihr, seid ihr sexuell empfindende Wesen, wenn nicht eure Sexualität ein Teil eurer Göttlichkeit, eurer Vollkommenheit ist? Diese ganzen Richtlinien und Verbote sind aus der Absicht entstanden, euch überschaubar und formbar zu halten.

Die Göttlichkeit und die Vollkommenheit liegen in euch. Gott ist nichts, was außerhalb von euch ist. "Gott" ist niemand, der euch bestraft. Vielmehr umfaßt das Göttliche die Liebe zu allem, was ist. Das Göttliche liegt in euch, und es ist wichtig, das Göttliche in euch zu entdecken, in euch zu finden, damit ihr frei und unabhängig seid. Und an dieser Freiheit und Unabhängigkeit ist vielen Religionen nicht gelegen. Sie haben Angst vor eurer Freiheit und Unabhängigkeit. Es gibt ein Gut und ein Böse, ein Falsch und ein Richtig, mit der Absicht, euch Angst einzujagen. - Und Angst ist die Grundlage, daß ein Mensch lenkbar und formbar wird. Wenn ihr sicher, stabil und ganz in euch seid, wird euch niemand etwas aufzwingen oder euch zu etwas formen können, was ihr nicht seid. Auch hier ist eure Angst, nicht geliebt zu werden, die Angst, von Gott bestraft zu werden, ein Motor, der Macht und Kontrollgelüste einiger Religionen ermöglicht.

Laßt euch keine Angst einjagen.
Es gibt keinen bestrafenden Gott außerhalb von euch.
Das Göttliche liegt in euch,
und die Strafe, die ihr erwartet, fügt ihr euch selbst zu.
Ihr selbst seid es, die euch dann bestraft.

Ich möchte hier nicht grundsätzlich gegen Religionen sprechen. Ich möchte vielmehr darauf hinweisen, wie wichtig es ist, das Göttliche in sich zu finden; - auf euch zu hören ist viel wichtiger, als im Außen nach etwas zu streben, das ihr gar nicht seid und eurer wahren Natur nicht entspricht. Strafe ist ein Wort, von dem ihr euch erlösen solltet, und Bestrafung geschieht wirklich nicht von einem Gott außerhalb von euch. Ihr seid es, die glauben, bestraft werden zu müssen, und ihr kreiert diese Strafe. Das Göttliche ist voller Liebe. Es nimmt an, was ist.

Bestrafung ist etwas, das in den menschlichen Machtstrukturen liegt. Bestrafung ist etwas, das in eurem menschlichen dualen Denken existiert. Insofern sind Religionen, die von Sünde und Bestrafung reden, in diesem Aspekt nicht mit dem Göttlichen verbunden. Ihre Motivation in diesem Punkt stammt aus einem menschlichen dualen und machtorientierten Blickwinkel. - das heißt aber nicht, daß damit die ganze Religion "schlecht" sein muß. Religionen bieten die Möglichkeit, dem Göttlichen in eurem Leben Raum zu geben, so wie es auch Kirchen, Tempel und andere Gottesräume tun. Sie sind ein Ort, sie sind ein Treffpunkt, um euch an das Göttliche zu erinnern, um der Liebe Raum zu geben. Seid offen und hinterfragt, fühlt in euch, was wahre Liebe ist, und was von dualem, egoistischem und machtorientiertem Denken beseelt ist.

Die Priester und Vorsitzenden eurer Religionen sind Menschen, und die Vermittlung ihrer Religionen ist oft auch von ihrem eigenen menschlichen und dualen Blickwinkel erfüllt. Sicherlich gibt es auch Anteile, die göttlichen, einheitlichen und ganzheitlichen Ursprungs sind. Hier ist eure Unterscheidungskraft gefragt. Auch sie sind Menschen; - berücksichtigt das bitte und erwartet nicht von ihnen, daß sie in jedem Moment in ihrer göttlichen Essenz, aus ihrem göttlichen Bewußtsein heraus leben. Das ist ganz normal, ganz natürlich und ganz menschlich.

Ihr tragt Bilder in euch, daß diese Menschen, da sie doch das Göttliche propagieren, sich ganz "perfekt" und ganz "göttlich" verhalten sollten. Sie sind es nicht - und sind es aus einem höheren Blickwinkel doch. Seht sie auch als Menschen, die in manchen Zeiten, in manchen Bereichen wirklich mit ihrer Quelle und dem Göttlichen verbunden sind, und in manchen Zeiten und zu manchen Themen eben nicht. Sie sind auch nicht anders als ihr. Und ein jeder von euch kann mehr mit seinem göttlichen Bewußtsein verbunden sein als dieser Priester, als dieses Oberhaupt.

Also, wenn du dich zu einer Religion hingezogen fühlst, kann es für dich speziell "richtig" sein, und dennoch sei dir bewußt, das Göttliche ist in dir. Lerne zu unterscheiden, was einer kontrollierenden und machthungrigen Motivation entspringt und was reiner Liebe. Sei dir einfach nur dessen bewußt und urteile bzw. verurteile nicht, wenn du zum Beispiel bei einem Priester kontrollierende, moralisierende unterschwellige Machtmechanismen siehst. Er ist ein Mensch, und er handelt und ist menschlich. Wichtig ist nur, daß du dir keine Angst machen läßt; daß du erkennst, aus welcher Motivation was entsteht.

Bestrafung, Schuldzuweisungen und mahnende und bedrohende Zeigefinger sind ein Teil eures Menschseins und ein Ausdruck eurer Dualität. Und es wird mehr und mehr Zeit, eure eigene Göttlichkeit anzunehmen. Das "Göttliche" in euch zu suchen und es weniger als etwas Unpersönliches, Übermächtiges zu sehen. Nichts spricht dagegen, wenn ihr trotzdem euch Gott als eine Person, als eine äußere Form vorstellt. Es kann eine Hilfe sein, mit ihm in einen Dialog zu treten, eine Hilfe sein, mit ihm in Kontakt zu treten - und vergeßt nicht, ihr seid göttliche Essenz und nichts und niemand richtet und straft euch - außer ihr selbst. Die Bestrafungen und das Richten, das ihr dann von anderen Menschen erfahrt, habt ihr selbst geschaffen; - denn in euch habt ihr über euch gerichtet und wolltet euch bestrafen. Der Schlüssel zu allem liegt in euch.

Religionen und Glaubensgemeinschaften können eine Hilfe sein, müssen es aber nicht. Es reicht nicht, nur an Gott zu glauben und jeden Tag in eine Kirche zu gehen oder zu meditieren, wenn ihr nicht an euch arbeitet, wenn ihr nicht nach der Liebe sucht und sie empfindet. Dann können das alles nur äußere Hüllen und Ablenkungsmanöver sein. Wichtig ist die Energie eurer inneren Motivation.

Es gibt Menschen, die sind dem Göttlichen sehr nah, ohne an Gott oder irgendeine andere "höhere Energie" zu glauben. Es gibt Menschen, die sagen: "Für mich existiert nichts und niemand außer uns Menschen, und wenn ich sterbe, dann sterbe ich. Dann bin ich tot und damit aus." Sie glauben weder an ein Weiterleben nach dem Tod noch an andere Existenzformen oder an etwas "Göttliches" - und dennoch können sie dem Göttlichen nahe sein.

Was wirklich zählt, ist die Motivation eurer Herzen. Was wirklich zählt, ist eure Liebe. Alles andere sind leere Formen, die, wenn sie nicht gefüllt sind, rein gar nichts sind und nichts bedeuten. Das, was ihr tut, sollte gefüllt sein von euch, von eurer Energie, und euch entsprechen; - Nicht eine äußere Hülle, die irgendeiner Philosophie, irgendeiner Meditation, irgendeiner Religion frönt, kann euch zu eurer Göttlichkeit, Glückseligkeit und Ganzheit führen, wenn ihr sie nicht wirklich in euch fühlen wollt und könnt. Die Begegnung mit eurem Inneren, mit euren Gefühlen, euren Gedanken und Emotionen kann euch eurer göttlichen Essenz sehr nahe kommen lassen. Die äußeren Formen können, wenn sie nicht von eurer Energie gefüllt sind, leere Hüllen sein. Und darum achtet eure Gefühle, eure Begeisterung und das, was euch Freude macht, was euch erfüllt als Wegweiser zu eurer göttlichen Essenz.

Es gibt so viele Möglichkeiten, deshalb urteilt nicht. Vielmehr seht das Göttliche im Menschlichen. Sucht nach eurer Wahrheit, sucht nach dem, was euch entspricht. Findet für euch Formen, wie ihr das Göttliche in euch wachrufen könnt; wie ihr dem Göttlichen in euch begegnen könnt. Es gibt so vielfältige Formen, - wählt die, die euch am nächsten sind.

Es mögen Gegenstände sein, die dich an das Göttliche erinnern, die dir Hoffnung und Liebe geben. Du kannst dir einen kleinen Altar bauen, der dich immer, wenn du dort hinblickst, an das Göttliche in dir erinnert, eine Art Zufluchtsstelle, ein Zufluchtsort, der dich ganz und geliebt fühlen läßt. Es kann eine Kerze sein, ein Stein, ein Bild - was immer dir nahe ist, was immer dir am Herzen liegt. Vielleicht ist die Kirche dein Ort der Ruhe, an dem du zu dir zurückkehren kannst. Abgesehen von den moralischen Aspekten, die du als menschliche Anteile entlarven kannst, sind es vielleicht die Kirche und der Glaube deiner Kirche, die dir nahe sind. Andere können dort keine Heimat finden und fühlen sich zu anderen Glaubensansätzen, anderen Glaubensgemeinschaften oder gemeinschaftsunabhängigen Glaubens - oder Lebenseinstellungen hingezogen. Sei dir deiner Weite und Unendlichkeit bewußt. Reduziere dich nicht zu einem autoritäts- und obrigkeitshörigen Gläubigen, egal welchem Glauben oder welchem Guru du angehörst.

Du bist der Priester;
Du bist der Heilige;
Du bist der Engel!

All das ist in dir, wenn du ihnen begegnen, - sie sehen magst.

Die Zeit ist gekommen, daß ihr Menschen mehr und mehr erkennt, daß ihr göttliche Wesen seid; daß ihr unabhängig und frei seid und trotzdem mit allem verbunden.

Die Zeit ist gekommen, eure Energien zu euch zu nehmen, um euch selbst zu ermächtigen und eure Kraft und euer Sein nicht in die Hände irgendwelcher Autoritäten zu legen. Nehmt all die ausgefahrenen autoritäts- und obrigkeitshörigen Antennen zu euch zurück und seht, daß ihr voller Energie, voller Würde und göttlicher Macht seid. Gebt diese Energien nicht aus euren Händen und die Verantwortung dafür. Werdet erwachsen und übernehmt Verantwortung für eure eigene Göttlichkeit. Dann ist ein Geben ein wirkliches Geben und ein Nehmen ein wirkliches Nehmen. Dann ist Liebe Freiheit und keine Abhängigkeit .

Es ist oft wirklich erstaunlich und manchmal auch sehr belustigend zu sehen, wie viele Menschen ihre Energien und ihre Verantwortung an andere, an irgendwelche Vorstellungsbilder und Dogmen abgeben und einen Teil ihrer Energie einem anderen Menschen überlassen. Es ist somit einiges verschoben, und so bildet sich eine Kette von Verstrickungen und Abhängigkeiten. Nehmt eure Energien zurück zu euch. Erst dann könnt ihr eins sein, erst dann könnt ihr dem Göttlichen begegnen, erst dann könnt ihr einem anderen Liebe geben und empfangen. Ermächtigt euch zu eurer eigenen Göttlichkeit. Damit meine ich eine stille Form von Göttlichkeit, nicht ein aufgeblasenes, riesiges Göttlichkeitsgetue. Das, was ich meine, ist nichts Protziges. Erkennt, daß diese göttliche Autorität, diese göttlichen Wesen in euch leben. Erkennt, daß, wenn ihr glaubt, von einer göttlichen oder höheren Instanz bestraft zu werden, ihr diejenigen seid, die ihren Glauben oder ihre Erwartung auf eine göttliche Instanz im Außen projizieren.

All die unterschiedlichen Religionen, all die unterschiedlichen Vorstellungen von Göttlichkeit, all die Philosophien, all die Glaubensgemeinschaften versuchen, dem Göttlichen einen äußeren Formausdruck zu geben. Ich weiß, euch ist bekannt, die Quelle ist ein und dieselbe. Der Weg zu eurer eigenen Göttlichkeit führt zu euch und zu eurem Herzen. Das wird und kann euch keiner abnehmen. All die Religionen, all die Philosophien können eine Hilfsmöglichkeit sein, um euch an das Göttliche zu erinnern. Sie können euch möglicherweise aber auch trotz der äußeren Hülle, trotz der Verpackung des Göttlichen keinen Millimeter zu dem Göttlichen in euch führen. Ihr könnt trotz der äußeren Hülle des Göttlichen ganz weit davon entfernt sein. Es kommt nicht auf die Form, auf die Hülle an, sondern auf euer Bewußtsein und die Energie, die hinter euren Handlungen liegt – egal, was ihr tut, egal, welche Form ihr wählt. Der Weg wird immer zu euch zurückführen und zu dem Göttlichen in euch. Laßt euch von euren Herzen, von eurer Liebe führen, egal wohin.

Auch die esoterischen, spirituellen Bewegungen sind nicht automatisch der Schlüssel zu mehr Bewußtheit und einer Verbindung zu eurer Göttlichkeit. Es ist immer die Energie, die Motivation dahinter. Es gibt esoterische und andere religiöse Verpackungen, die nach außen hin sehr göttlich und liebevoll wirken, doch die Motivation ist wahrlich keine reine Liebe. Es ist wie ein Geschäft. Die äußere Form sagt gar nichts über den Inhalt aus. Hört auf eure innere Stimme. - Laßt euch führen von eurem Höheren Selbst und erspürt die Energie hinter den Worten, hinter der Verpackung, hinter der äußeren Form und Hülle.

Und manchmal ist es vielleicht auch notwendig, der äußeren Hülle, die etwas anderes vorgibt als die innere Motivation ist, auf den Leim zu gehen. Das wird euch immer wieder einmal passieren. Es beinhaltet die Möglichkeit zu lernen, zu lernen, was für euch stimmt, die Energie hinter den Formen, Worten und Strukturen zu erkennen. Das ist eine bunte Reise, ein weites Erfahrungsfeld, und gerade auch die "schlechten" Erfahrungen und gerade das Erkennen, daß dies oder jenes für euch nicht passend ist, kann euch zu dem führen, was eure Wahrheit und eure Entsprechung ist. Da immer mehr Energien ungehindert durch eure Atmosphäre zu euch Menschen dringen können und die Verbindung zu anderen Sphären, zu anderen Bereichen und zum Teil zu eurem wahren Sein herstellen, begebt ihr Menschen euch immer mehr auf die Suche nach eurer eigenen Göttlichkeit. -

Und andersherum: Da so viele Menschen sich auf die Suche nach ihrem wahren Sein machen und sich anderen Bereichen öffnen, könnt ihr vermehrt mit anderen, zum Teil "höheren Energien" und Bewußtseinsformen Kontakt aufnehmen. Es gibt immer mehr Bewegungen, immer mehr Wissen, immer mehr Religionen, Zusammenkünfte, die sich mit diesen Themen beschäftigen. Es ist eine "reale" Welt geworden. Ihr habt große Auswahl, und die Auswahl wird mehr und mehr wachsen. –

Und es ist wie bei vielen anderen Dingen, bei denen es eine große Auswahl gibt: Ihr habt damit ein großes Feld von Erfahrungen, und ihr könnt euch für das entscheiden, was euch entspricht, und dennoch ist die Gefahr der Verwirrung gegeben. Es gibt bei euch einen Spruch, den ich für treffend halte: *Nicht alles, was glänzt, ist Gold.* Also prüft.

Die Zeit ist gekommen, eure eigenen spirituellen Fähigkeiten zu entwickeln. Es wird immer leichter für euch, auf altes Wissen, auf alte Fähigkeiten aus vergangenen Leben zurückzugreifen. Ihr habt all die Fähigkeiten und all das Potential in euch. Je mehr ihr in euch sucht, desto mehr werdet ihr finden. Ihr selbst könnt fühlen, was für euch richtig ist, ihr selbst könnt spüren, was passieren wird. In letzter Konsequenz braucht ihr niemanden von außen, der diese Fähigkeiten hat, um euch zu helfen. Ihr könnt euch selbst helfen. Ihr tragt das Potential aller spirituellen Fähigkeiten in euch. Natürlich ist es hin und wieder notwendig, sich bei anderen Menschen Unterstützung zu holen und Hilfe anzunehmen - und trotzdem: sucht in euch. Ihr könnt von einem Seminar und von einem Heiler zum anderen rennen mit wirklich "guten" Inhalten, und nichts braucht sich zu verändern, wenn ihr nicht wirklich wollt, wenn ihr nicht in euch schaut. Auf Seminare zu gehen, Heiler und Therapeuten aufzusuchen – das alles kann auch ein gutes Alibi sein, um sich selbst und anderen vorzumachen, man würde an sich arbeiten. Letztendlich könnt ihr Seminare für Seminare besuchen, aber wenn ihr nicht wollt, wird sich rein gar nichts verändern.

Alles ist in euch.
Ihr seid das Medium, ihr seid der Hellseher,
ihr seid der Sternendeuter, ihr seid der Heiler, der Priester.
All das ist in euch.

Natürlich gibt es Menschen, die zu dem einen oder anderen eine stärkere Resonanz haben oder ausgeprägtere Fähigkeiten. Das ist klar. - Und dennoch sind all diese Aspekte in euch vorhanden. Nun, vielleicht könnt ihr keine Aura sehen, habt keine Visionen und dennoch fühlt vielleicht der eine oder andere von euch verschiedene Energien, ein anderer bekommt vielleicht dieselben Informationen über Träume, wieder ein anderer sieht dies in astrologischen Konstellationen, noch ein anderer bekommt Botschaften über Steine oder handelt instinktiv in Übereinstimmung mit dem Höheren Selbst. All das sind unterschiedliche Formen, die euch dasselbe geben können. Eins ist euch gewiß:

Jeder von euch hat eine weise innere Stimme,
ein höheres Selbst und viele andere Begleiter,
die euch führen, und beraten.

Das mag sich bei jedem Menschen anders äußern, aber ihr habt diese weise Quelle in euch, und es ist eure Aufgabe, sie zu finden, auf sie zu hören und nach ihr zu leben. Das Göttliche und alle Antworten auf eure Fragen findet ihr in euch. Enthront eure göttlichen Autoritätsvorstellungen und ermächtigt euch selbst.

Voll Liebe und Ermächtigung verabschiede ich mich von euch.

*****

Das Auge des Horus

Isis

Ich habe auf diesen Moment gewartet, um zu euch zu sprechen, da ihr euch in der Umgebung und in der dafür notwendigen Energie befindet. Die Energien des alten Ägyptens und auch die meinigen sind in euch momentan sehr präsent.

Ihr seid sicherlich überrascht, daß ich an dieser Stelle zu euch spreche. Ich weiß, daß dieses Buch von Andromedanern diktiert wird. Und dennoch ist dies die Möglichkeit, zu euch zu sprechen. Wie sie erzählen, sind wir alle nicht voneinander getrennt. Ich bin Isis, die Mutter von Horus, und meine Energie der Mütterlichkeit und der Liebe ist auch der von Nada nicht fremd. Wir sind ähnliche Energien. Wir sind fast identisch und dennoch anders. Wir sind verschiedene Namen, verschiedene Formen für ein und dieselbe Energie, die dennoch ganz anders ist.

Ich möchte euch an dieser Stelle etwas von der Liebe zu meinem Sohn Horus erzählen. Meine Liebe zu ihm ist immerwährend. Er ist mein Sohn, so wie er mein Geliebter und Vater ist. Er ist mein Freund und ein Teil von mir. Er trägt alle Aspekte des Mannseins in sich, und auch in ihm sind weibliche Göttinnen enthalten. Meinen Sohn gebar ich in Liebe. Mein Mann starb und Horus war alles für mich, so wie ich selbst auch alles bin. Über die Geschehnisse brauche ich an dieser Stelle nicht erzählen, die vielfältigen Überlieferungen sind eine Sprache der Energiekonstellationen. Worum es mir an dieser Stelle und in erster Linie geht, ist über das, was ihr *das Auge des Horus* nennt, zu sprechen.

Eure Augen stehen in Verbindung mit den feinstofflichen Welten. Eure Augen stehen mit euren Seelen in Verbindung. Kennt ihr das Gefühl, wenn ihr jemandem in die Augen seht und seine Seele seht und fühlen könnt? - jedoch oft, ohne dieses Gefühl in Worte fassen und beschreiben zu können? Kontakte über

Augen können ein Blick von Seele zu Seele sein, wenn sie in jenem Moment reinen Gefühls sind, wenn die Augen einfach sind.

Jetzt möchte ich noch einmal auf das Auge meines Sohnes Horus zu sprechen kommen. Es ist ein einzelnes Auge, das ihm symbolisch entrissen wurde, und dieses Auge stellt die Verbindung zur Unterwelt ebenso wie zu den himmlischen Reichen her, in denen alles, der Schatten wie auch das Licht vereinigt ist. Ihr könnt euch vorstellen, dieses Auge ist wie ein Fernglas in eine andere Welt, in eine andere Dimension. Durch dieses Auge könnt ihr euch mit dem Schöpfer verbinden, dieses Auge ist gebündelte Energie, und es ist frei fließend und fliegend. Es wandert, wo immer es gebraucht wird. Und wenn ihr euch und eure Augen für andere Dimensionen, für eure Seele und die anderer öffnen wollt, könnt ihr euch vorstellen, wie ihr durch dieses Auge wie durch ein Fernglas gebündelter Energie all das, was im Dienste des Göttlichen erstrahlt, erblicken und sein könnt. Ihr könnt euch auch ein drittes Auge vorstellen, auf eurer Stirn, und ebenso könnt ihr durch dieses Auge blicken. Stellt euch einen Punkt hinter diesem Auge vor, der sich im Inneren eures Kopfes befindet - und von diesem Punkt aus strahlt durch dieses Auge hindurch bis ins Unendliche, bis zu den Ursprüngen, reines Licht und reine Energie strahlenförmig auseinander, so daß ihr das, was ihr seid oder sucht, annähernd mehr und mehr in voller Klarheit sehen oder auch Informationen erhalten könnt, die für euren nächsten Schritt auf eurem Weg wichtig sind. Seht es als Spiel der Inspiration.

Das Auge meines Sohnes Horus, von dem eine Zeichnung, ein Bild, existiert, das bei den alten Ägyptern immer wieder zu finden ist, soll euch an euer eigenes inneres Auge, euer freischwebendes Auge, das überall zu Hause ist und durch das ihr in eure Seele blicken und eure Wahrheit finden könnt, erinnern.

Natürlich könnt ihr das Auge des Horus, meines Sohnes,

um Unterstützung bitten. Seht es als Symbol, um euch an euer Sehen, an eure Wahrheit, an eure Seele zur Verbindung zu anderen existenten Welten zu erinnern. Wenn ihr euch auf eure Augen einstimmt und beobachtet, was ihr so alles mit euren Augen tut, dann wird euch bewußt werden, daß ihr mit euren Augen beobachten und kontrollieren könnt. Wenn ihr euch an das freischwebende Auge meines Sohnes Horus erinnert, wird es euch helfen, in feinstofflichen Bereichen diese Schutzfunktion zu übernehmen und letztendlich, wenn ihr euch an das Auge meines Sohnes erinnert, ist es wiederum auch ein Auge von euch, das euch schützt. Auch das Auge meines Sohnes Horus ist ein Teil von euch. Erinnert euch, ihr könnt euch hinter dem Auge meines Sohnes einen Punkt vorstellen, der Tausende von Lichtstrahlen klaren, weißen und in allen Farben schimmerndes Lichts durch dieses Auge durchscheinen und strahlen läßt und pyramidenförmig mit dem äußersten Strahl zu euren Füßen, mit dem äußersten Strahl zu eurem Kopfe und mit einem anderen äußeren Strahl in euren linken und dann wiederum mit einem anderen Strahl zu eurem rechten Arm strahlt, und ihr so von diesem reinen weißen Licht durch die Konzentration dieses Auges geschützt, geborgen und umhüllt seid.

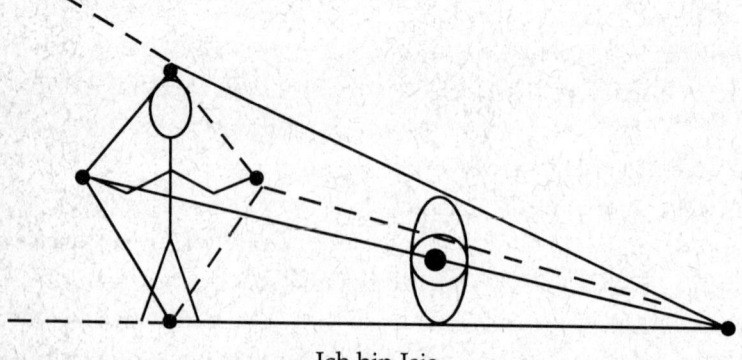

Ich bin Isis.
Tochter des All-Einen

Wenn ich zurückblicke, erinnere ich mich, daß mich die Augen der Menschen seid jeher interessiert haben, ob bewußt oder unbewußt, und ich mich von den Augen mancher Menschen magisch angezogen gefühlt habe, in ihre Augen einzutauchen wünschte und vermochte und damit in ihre Gefühle und ihr Sein. Begegnungen und Austausch auf einer anderen (feinstofflichen) Ebene, wenn auch oft nur für kurze Momente, - manchmal wie Blitze, die schwer in Worte zu fassen sind. So viele Erlebnisse und Erfahrungen von Auge zu Auge, von Seele zu Seele, von Herz zu Herz. Auch so viele Ängste, so viele Mauern, die ich bei anderen wie auch bei mir spürte, und der fühlbare Wunsch, sich dahinter zu begegnen, von Seele zu Seele.

Den ersten bewußten Kontakt mit dem Auge des Horus machte ich in diesem Leben circa drei bis vier Wochen vor unserer Ägyptenreise in einem sehr klaren und hellen Traum. Ich begegnete in diesem Traum einer mir innerlich sehr nahstehenden, irdischen spirituellen Lehrerin. Wir unterhielten uns, hatten viel Spaß und lachten gemeinsam. Es war eine sehr vertraute, entspannte und liebevolle Atmosphäre. Ich bemerkte, wie sie mich anguckte, ohne meinen physischen Körper direkt anzusehen, sondern seitlich um ihn herum, als wenn sie meine Aura betrachten würde, wobei sie schmunzelte und sich über diesen Anblick wohlwollend amüsierte. Ich fragte sie, was sie sehe und so amüsiere. Sie versuchte abzulenken, doch ich blieb beharrlich und sagte: "Du hast irgendetwas in meiner Aura gesehen, was dich überrascht und amüsiert. Sage mir, was das ist. Ich will davon wissen." Sie spürte meine Entschlossenheit und antwortete: "Okay. Es ist eigenwillig, aber du hast das Auge des Horus als Zeichen in deiner Aura, und zwar hinten im Rückenbereich."

Mit diesem Satz erwachte ich aus meinem Traum. Ich rätselte, was das zu bedeuten habe. Mein Interesse, etwas über das Auge des Horus zu erfahren, war groß. Leider hatte ich selbst bewußt kein Wissen darüber. Ich fragte einige Menschen in meiner Umgebung, was sie über das Auge des Horus wüßten. Die Antworten gaben mir zwar einen ge-

wissen Einblick, jedoch auf mich persönlich bezogen konnte ich wenig damit anfangen. Ich sagte mir: "Wenn ich mehr darüber erfahren soll, wird es schon in irgendeiner Form zu mir gelangen."

Zunächst wurde mir erst einmal bewußt, daß ich im Alter von 18-25 Jahren, in dem ich sehr viele Bilder malte, in jedem Bild frei fliegende Augen zu finden waren. Sie waren schon immer mein "Markenzeichen". Und ich erinnerte mich, daß es für mich innerlich wie ein "Muß" war, unabhängig von Gesichtern diese Augen zu malen. Warum ich ausgerechnet immer Augen malte, wußte ich nicht. Ich malte immer frei aus mir heraus, ohne genaue Vorstellungen und ohne eine bestimmte Absicht bzw. Bedeutung zum Ausdruck bringen zu wollen. Es entstand, was entstehen wollte. –

Ob das Malen von Augen und der Traum von dem Symbol des Auges des Horus in meiner Aura in direktem Zusammenhang stehen, weiß ich nicht. Ehrlich gesagt ist das für mich wie ein Spiel. Alles ist möglich, verschiedene Begebenheiten und Erfahrungen fügen sich wunderbar zusammen. Es scheint einen roten Faden zu geben, und trotzdem ist es nur, was es ist, nicht mehr und nicht weniger. Ich nehme es wahr, nicht mehr und nicht weniger. Ich nehme es wahr, nehme es ernst, und gleichzeitig nicht.

Es gibt so etwas wie einen Punkt, von dem ich manchmal die Dinge betrachte, wie eine Erinnerung an das Formlose, wo ich weiß und sehen kann, wie wichtig diese Erfahrungen in der Form sind, und gleichzeitig, wie wenig ich und diese Erfahrungen wirklich diese Form sind.

Das Auge des Horus, und Augen im allgemeinen, waren in Ägypten immer wieder unsere Begleiter. Sei es in alten Wandmalereien der Ägypter, auf T - Shirts oder wo auch immer. Der ägyptische Reiseleiter erzählte auf eine Frage von mir, daß viele Ägypter am Eingang ihres Hauses und ihrer Wohnungen ein Bild oder eine andere symbolische Darstellung eines Auges haben, damit sie sich durch das Auge in ihrer Wohnung oder ihrem Haus vor "negativen" Energien geschützt fühlen. Durch diesen Hinweis erwuchs in mir das Gefühl, mir das Auge in meiner Aura als Schutz visualisieren zu können, besonders im Rückenbereich. Zu dieser Zeit gab es in Abständen wiederkehrende Momente - meistens abends, wenn ich im Bett lag – in denen ich das Gefühl hatte, mein Rücken sei ungeschützt. So als wenn in diesem Bereich ein Loch in der Aura wäre und ich mich vor "fremden" Energien schützen müßte. Oft bat ich dann Guido, mir seine Hand als Schutz an den Rücken zu legen oder sich ganz nah an meinen Rücken zu kuscheln. Zusätzlich stellte ich mir eine violette Flamme vor, die das Zimmer reinigte, und hüllte mich und das ganze Zimmer in den Schutz des saphirblauen Lichts. Nach diesen Ritualen fühlte ich mich sicherer und geschützter und konnte ohne Ängste einschlafen.

Die Vorstellung, zu meinem "Schutze" in Situationen, in denen ich mich im Rückenbereich ungeschützt und bedroht fühlte, dieses Auge in meiner Aura genau zu diesem Punkt wandern zu lassen, gab mir ein Gefühl von Sicherheit und gleichzeitig ein Gefühl der Faszination, wie praktisch und einfach manches, besonders auch spirituelle Dinge, sind.

Als Erinnerung an das Auge des Horus kam auf unserer Ägyptenreise ein wunderschönes Papyrusbild mit eben diesem Auge zu mir, das überwiegend in einem strahlendem Saphirblau gemalt ist und jetzt in unserem Eingang Platz gefunden hat. Aus Ägypten wieder zurück, kamen mehr und mehr Informationen zu mir – unter anderem durch meinen Bruder Christoph, der zu diesem Zeitpunkt "ganz zufällig" ein Buch las, in dem über eine zwölfjährige Mysterienschule im alten Ägypten, die dem linken Auge, und einer weiteren zwölfjährigen Mysterienschule, die dem rechten Auge des Horus geweiht war, berichtet wurde. Ja, ja, der rote Faden, der sich durch alles zieht, scheint es uns auch noch so zufällig zu sein. Und dann die Frage: Was ist der Sinn?

Es ist alles nur ein Spiel .

*****

Die Freiheit des Lesers

Seid gegrüßt, hier spricht Andon Andromeda.

Ich möchte euch erzählen, welches Anliegen wir mit diesem Buch verbinden.

Seht einmal, wir befinden uns in einer formlosen Welt, in einer Welt der Energien. Energien sind einfach Energien. Sie sind so, wie sie sind, ohne Wertung, ohne ein aus eurer Sicht einzuordnendes System. So können wir immer nur, wenn wir zu euch sprechen, eine Brücke von der formlosen Ebene zu eurer Welt der Form bilden. Wir versuchen, unsere Botschaft in eine für euch verständliche Sprache zu bringen und betonen an dieser Stelle noch einmal, daß die Dinge, wie sie sind, noch weit umfassender und verschiedenartiger sind, als wir sie euch mitteilen können. Wir versuchen, euch einen Einblick zu geben, und an dem Punkt, wo ihr jetzt steht, wo ihr dieses Buch lest, eine euch verständliche Form zu übermitteln.

Zu einem anderen Zeitpunkt würdet ihr eine andere Sprache, eine andere Übermittlung verstehen können. Insofern möchten wir euch darauf hinweisen, daß diese Übermittlungen nicht allumfassend sind. Sie sind eine Brücke und möchten euch anregen, Verschiedenes aus einer anderen Perspektive zu betrachten, was euch helfen wird, den nächsten Schritt zu gehen. Es ist alles nicht die letztendliche Wahrheit. Die letztendliche Wahrheit besteht in einfachem Sein. Sie ist nicht vermittelbar, sie ist nur erlebbar.

Wir möchten mit euch in Kontakt treten, um euch an andere Sichtweisen heranzuführen, um euch einen Einblick aus einem nicht-dualen Blickwinkel in verschiedene Themen eures Lebens zu geben. Und genauso habt ihr die Möglichkeit, immer wieder euer Leben aus einem göttlichen, nicht-dualen Blickwinkel zu sehen. Dieser nicht-duale Blickwinkel ist das Gefühl der Liebe. Wenn ihr euch im Sein bedingungsloser und alles annehmender

Liebe befindet, habt ihr den dualen Blickwinkel verlassen. Es gibt kein Gut und kein Böse mehr. Es ist, wie es ist und was es ist. Wenn ihr diese bedingungslose Liebe, dieses Annehmen von allem, was ist, in euch spürt, dann seid ihr uns ganz nah, genauso wie wir euch dann ganz nah sind. Ihr begegnet eurem göttlichen Ursprung. *Denn in Wahrheit ist es Liebe, denn in Wahrheit ist es einfach Sein.*

Nichts und niemand, keine Übermittelungen, kein Buch kann euch diese Erfahrung, die ihr selbst machen müßt, abnehmen bzw. übernehmen. Wir können euch nur Gedankenschritte und Energieübermittlungen geben; die Schritte, den Weg, könnt nur ihr gehen. *Die Liebe müßt ihr selbst erfahren, denn einzig ist die Liebe. Öffnet eure Herzen für die Liebe, und ihr werdet viele Antworten bekommen.*

Ihr macht und werdet immer wieder Erfahrungen in der Dualität machen, die den einen sowie den anderen Pol betreffen, und das ist auch gut so. Erfahrt ihr die eine wie auch die andere Seite könnt ihr spüren, daß die Wahrheit weder in dem einen noch in dem anderen liegt, und ihr werdet euch auf die Suche nach dem machen, was alles beinhaltet, in dem alles enthalten ist und alles sein darf, wie es ist. Es ist die Vereinigung von allem Seienden in dem Tempel der Liebe.

Wir geistigen Wesen sind ein Aspekt von euch, und wir alle haben zu lernen. Hört zu und beschäftigt euch mit dem, was euch Wesen aus anderen Daseinsformen zu erzählen und zu berichten haben. Es kann eure Sichtweise zu manchen Zeiten erweitern, und dennoch hört auf euer Herz und euer Gefühl und glaubt nicht, daß alles besser ist, was von anderen und auch von uns übermittelt wird.

Immer wieder unterscheidet und laßt euch
von eurem Gefühl und eurem Herzen leiten.
Es wird euch den für euch richtigen Weg zeigen.
Ordnet euch uns und anderen geistigen Wesenheiten nicht unter.
Laßt es nicht zu, daß wir zu euren Gurus werden.
Erkennt immer wieder die Weisheit und das Göttliche in euch.
Ihr seid für euch verantwortlich.
Auch wir mit unseren Informationen und unseren
Übermittelungen können euch das nicht abnehmen.
Ihr seid verantwortlich für das, was euch passiert.
Ihr seid verantwortlich für das, was ihr von uns annehmt,
oder auch nicht.
Es gibt niemanden, der besser und größer ist als ihr.
Es gibt niemanden, der euch alle Antworten geben kann.
Die Antworten liegen in euch.

Lernt mehr und mehr, für alles die Verantwortung zu übernehmen - und das heißt, euch eben nicht irgendwelchen geistigen Wesen, irgendwelchen Lehrern und Gurus einfach unterzuordnen, sondern zu unterscheiden: "Was hilft mir, was stimmt für mich und was nicht." Eure Erfahrungen sind wichtig - eure Erfahrungen im Einklang mit euch selbst.

Und selbst wenn geistige Wesenheiten oder ein anderer Mensch "weiter blicken" und andere Zusammenhänge sehen kann, wichtig ist *eure* Erfahrung, *euer* Gefühl und der nächste Schritt oder der Schritt in diesem Moment. Manchmal dient es euch auch gar nicht, wie eine andere Person oder Wesenheit in dem Moment mehr zu wissen oder sehen zu können. Vertraut darauf, es ist alles so perfekt, es ist alles so vollkommen für euch, wie es nur sein kann.

Vertraue in das, was du bist und wo du bist und in deine von dir erschaffenen Umstände und strebe nicht nach etwas, das dir besser und richtiger erscheint als du selbst. Immer wieder prüfe, was für dich zu *diesem* Zeitpunkt stimmt. Das kann zu einem anderen Zeitpunkt ganz anders sein.

Ihr könnt geistige Wesenheiten und andere Menschen um Unterstützung bitten. Doch wenn ihr diese Hilfe wollt - und daß ihr sie wollt, sollte eure Entscheidung sein - dann kann die Wirkung um so größer sein. Wir beobachten immer wieder, daß ihr Menschen, oder die Menschen, die an geistige Wesenheiten glauben, einen Riesenrespekt vor uns haben. Das ist schön, daß ihr uns respektiert und ehrt, und dennoch sind wir nicht höherstehend, und trotzdem sind wir nicht besser als ihr.

Wir sind auch nicht so exotisch, wie ihr glaubt. Ihr seid vertraut mit uns. Eigentlich gehören unsere Energien auch zu eurem alltäglichen Leben. Ihr begegnet oder seid selbst Menschen, die sehr stark unsere Energie in sich tragen. Ihr seid von verschiedenen geistigen Wesen umgeben. Eigentlich sind geistige Wesen, von wo auch immer, schon beständiger Bestandteil eures Lebens. Ihr seid euch dessen oft nur nicht bewußt. Es war schon immer so und es ist auch momentan so. –

Wir werden immer spürbarer, weil mehr und mehr Energien von anderen Wesenheiten, von anderen Planeten zu euch durchdringen können. Es ist wirklich nichts Exotisches. Ihr seid schon lange davon umgeben. Ebenso wie wir mit euch Menschen verbunden sind. Für euch ist es oft so überraschend, weil viele von euch all dies rational erfassen wollen und die Wesenheiten nicht direkt physisch sehen können. Die Verbindungen existieren immer. Manche Menschen haben stärkere Resonanz zu diesen oder jenen geistigen Wesen, je nach ihren vorangegangenen Erfahrungen, Aufenthalten auf anderen Planeten und ihrem Heimatplaneten, bzw. dort, wo die Resonanz ihrer Energien in starker Verbindung steht.

Ein Grund, warum wir Barbara wählten, unsere Botschaften

zu übermitteln, ist unter anderem auch, daß ihre Energieresonanz zu der unseren sehr stark ist und ihre Verbindung zu uns schon seit jeher bestanden hat. Und so ist es für sie, mit uns in Verbindung zu treten, ein Leichtes. Während es für sie schwieriger wäre, Energien, die weniger stark mit ihr resonieren, zu übermitteln. Wir geistigen Wesenheiten, egal von wo, suchen uns die Wesen aus, zu denen eine starke Resonanz besteht. Es ist noch nicht einmal ein direktes Aussuchen. Es ist einfach Energie, die resoniert und sich austauscht. –

Auch venusische Einflüsse, venusische Energien sind im nahen Resonanzbereich zu uns und Barbara. Auch ihr Leser, die ihr dieses Buch gewählt habt, steht in Resonanz mit unseren Energien, denn wäre dem nicht so, würdet ihr dieses Buch nicht lesen. Euch ist die Schwingung und Energie bekannt, ohne Wenn und ohne Aber. Energie ist Energie, und ihr würdet dieses Buch nicht lesen, wenn euch diese Energie nicht bekannt wäre und nicht zu der euren in Resonanz stehen würde. Und so tragt ihr all die Informationen, all die Erfahrungen, all die Energien und Erlebnisse in euch. Wir sind und waren alle niemals getrennt voneinander und werden es niemals sein.

Ich weiß, wie schwer es für euch Menschen ist, die Verbindung zwischen allem, was ist, zu sehen und nicht in Gedanken der Trennung zu leben und stattdessen einfach zu sein. Es ist auch gut und richtig so, denn es ist eure Erfahrung, die euch dient und dennoch, wenn ihr euch dem Göttlichen in euch nähern wollt, berühren wollt und es erlebt, dann gibt es diese Trennung nicht mehr. - Und vieles in eurem Leben und in eurer Gesellschaft ist darauf ausgerichtet, euch glauben zu machen, daß diese Trennung existiert. Natürlich existiert sie, weil ihr sie erschafft, weil ihr an sie glaubt. In Wahrheit ist die Liebe, ist alles eins und miteinander verbunden. Und ihr, für die die Sehnsucht nach zu Hause so groß und manchmal so schmerzvoll ist, erinnert euch an euer Zuhause, wie ihr es sowieso schon tut, und lernt gleichzeitig, das Geschenk schätzen, auf der Erde zu sein und dort lernen zu dürfen. Lernt, die Erde und euer Leben zu lieben und vergeßt nicht, euer Zuhause ist an keinem Ort. Euer zu Hause ist in euch. Und in Liebe und in Frieden und mit diesem Gefühl könnt ihr "eins" sein, wo immer ihr seid.

Ich sehe und weiß, wie schwer es für manche Menschen ist, auf dieser Erde zu sein, weil sie anderes kennen, weil ihnen andere Schwingungen viel näher sind, daß ihnen das Herz fast zu zerreißen droht aus Sehnsucht nach der Liebe, dem Aufgehobensein anderer Zeiten, anderer Welten und Seinsformen. Und dennoch:

Sucht und findet diese Liebe und Heimat, diese Geborgenheit und die Verbundenheit mit allem, was ist, jetzt in diesem Moment, in diesem Leben auf der Erde in euch. Eines Tages kehrt ihr zu der Energie zurück, mit der ihr in Resonanz seid.

Eigentlich befindet ihr euch immer dort. Eigentlich lebt ein Teil von Barbara immer bei uns. – Genauso, wie von euch viele Aspekte woanders leben, woanders sind und existieren und das nicht nur nachts, wenn ihr euch auf Reisen begebt und euren Körper verlassen könnt. Auch "tagsüber" existiert ihr immer gleichzeitig in mehreren Welten. Ich weiß, es ist schwer zu verstehen, und es ist auch nicht unbedingt notwendig, daß ihr es versteht. Es ist überhaupt nicht notwendig, für euch alles zu wissen und zu begreifen. Es ist auch kaum möglich.

Wichtig ist, daß ihr den Weg eures Herzens geht, auf euer Herz, auf euer Gefühl und euer Höheres Selbst hört und niemals die Suche und das Finden des Göttlichen in euch aufgebt.

Ich verabschiede mich von euch, meine Brüder und Schwestern, und übergebe euch eurer Verantwortung und eurem göttlichen Selbst.

In Liebe und Annahme!

Verantwortung

Hier spricht Andromeda Rex.
Ich spreche im Namen meines Volkes. - Als Vertreter meines Volkes.

Ihr habt sicherlich bemerkt, daß ich zu anderen Themen spreche als zum Beispiel Andon Andromeda oder Andonella. Jeder von uns hat seine Aufgabe. Jeder von uns folgt seiner Bestimmung. Unsere Energie vertritt jeweils bestimmte Aspekte in stärkerer Form. Ich habe schon einmal an anderer Stelle erzählt, daß ich hier eine bestimmte Autorität besitze, wobei diese Autorität anders zu verstehen ist, als ihr gewöhnlich Autoritäten betrachtet. Ich möchte über eure Verantwortung euch selbst gegenüber sprechen.

Vieles, was ich euch erzähle, mag für euch hart klingen. Ich spreche mit der Klarheit und der Energie eines Schwertes. Ihr könnt euch das Lichtschwert von Erzengel Michael vorstellen. Vielleicht ist es euch ein Begriff. Dieses Lichtschwert ist von großer Klarheit. Es trennt das Wahre von dem Unwahren; es trennt die Verantwortungslosigkeit von der Verantwortung. Ich durchtrenne mit ihm eure Verstrickungen und eure Abhängigkeiten. Viele von euch wissen schon, daß alles, was euch geschieht, in eurer Verantwortung liegt. Ihr habt das, was euch passiert, kreiert und selbst erschaffen. - Das, was euch in diesem Moment geschieht, genauso wie das, was euch in der Zukunft passieren wird. Ihr seid die Schöpfer eures Lebens. Das, was ihr fühlt, was ihr denkt, was ihr glaubt, kreiert eure äußere Welt. Alles, was ihr erlebt, ist aus Gedanken und Gefühlen und verschiedenartigen Strukturen in euch entstanden. In keinem Moment eures Lebens seid ihr zu irgendetwas gezwungen worden. Alles habt ihr selbst entschieden. Vieles habt ihr schon vor langer Zeit geplant, und vieles erschafft ihr jeden Tag auf's Neue. Es gibt niemanden außerhalb von euch, der euch zu irgendetwas zwingt. Es gibt niemanden außerhalb von euch, der euch zu irgendetwas verdammt hat. Es gibt niemanden, der Schuld hat und verantwortlich ist für euer Leben. Ihr seid verantwortlich für alles, was euch geschieht. Ihr seid niemals ein Opfer einer Situation oder eines Menschen. Ihr seid Täter und Opfer zugleich. Opfer und Täter entspringen, wie die meisten von euch wissen, derselben Energie. Das Opfer ist Täter und der Täter ist gleichzeitig das Opfer. Das ist ein duales Spiel. Besonders ihr Opfer seht, daß ihr nicht rein zufällig das Opfer einer bestimmten Situation, eines bestimmten Menschen geworden seid. Ihr selbst seid dafür verantwortlich. Aus einem nicht-dualen Blickwinkel gesehen, hat euch niemand dazu gezwungen, dieses Opfer zu sein. Auf einer euch oft nicht bewußten Ebene habt ihr diese Opferrolle gewählt. Ihr seid dafür verantwortlich. In dem Moment, in dem ihr sagt, "dieser oder jener Mensch ist daran schuld, daß ich zum Opfer wurde", gebt ihr eure Verantwortung und eure eigene Macht ab. Und dennoch war es eure Entscheidung, in dieser Situation, in diesem Moment Opfer zu sein. Begreift ihr? Selbst in extremen Situationen seid ihr, aus einem nicht-dualen Blickwinkel betrachtet, kein armseliges Opfer. Wenn ihr in dieser Opferrolle bleibt, habt ihr niemals die Möglichkeit, diese Situation zu verändern. Um diese Situation und die damit verbundenen Gefühle zu erlösen, ist es notwendig zu sagen: "Ich bin verantwortlich für meinen Anteil dieser Situation, und weil ich dafür verantwortlich bin, kann ich mich entscheiden, daß ich diese Rolle nicht mehr will. Ich kann entscheiden, daß ich dieses Muster auflösen will. Ich kann entscheiden, daß ich meine Gefühle zulassen will, und ich kann erkennen, daß ich weder Opfer noch Täter bin, daß ich beides in einem bin, und wenn ich die Opfer und Täterenergie in mir zulasse und vereinige wie die Energien von Mann und Frau, kann eine neue Dimension entstehen, die mich durch diese Transformation trägt in den

Raum der Liebe."

Und seht, ihr Täter, auch ihr seid Opfer, und seht, ihr Opfer, auch ihr seid Täter! Auch die Täterenergie ist ein Teil von euch, und oft verdrängt ihr diese Täterenergie und wertet sie ab. Sie wird so zu eurem Schatten, da ihr sie nicht wahrhaben und sehen wollt. Und so tritt sie euch dann außen in Form einer anderen Person, eines Täters gegenüber und will so auf sich aufmerksam machen. Dieser verdrängte Aspekt will in euch vereinigt, in euch integriert werden. Und auch hier ist es eure Verantwortung, eure Täterenergien zu euch zu nehmen. Die Täter, die zerstören, die morden, die töten, die verletzen, die verlassen - auch in ihnen sind "Opferenergien", die Angst haben, die fliehen möchten. Übernehmt Verantwortung für eure zerstörerische Kraft sowie für die Energie des Opfers, das Angst hat und sich fürchtet. Übernehmt Verantwortung für alles, was euch geschieht. Immer wieder:

Ihr seid die Schöpfer eurer Welt und eures Lebens!

Ihr werdet erstaunt sein, wieviel Kraft ihr habt, wenn ihr eure Verantwortung zu euch nehmt. Ihr könnt euch sicherlich kaum vorstellen, wie sehr wir aus unserem Blickwinkel erstaunt darüber sind, wieviel ihr Menschen, selbst die Bewußteren unter euch, von eurer Verantwortung abgebt. Ihr wollt es euch dadurch leichter machen, weil ihr Angst habt vor eurer ganzen Kraft, weil ihr Angst habt, verschiedene Aspekte in euch, die ihr als negativ bewertet, zu euch zu lassen und sie so lieber auf andere übertragt. Wenn ihr eure Übertragungen auf andere zurücknehmt, übernehmt ihr Verantwortung. Ihr seht: Das bin ich, dafür bin ich verantwortlich!

Es ist unvorstellbar für euch, was für ein Potential an Energien ihr habt, wenn ihr eure Verantwortung und eure Macht nicht von euch gebt. Ihr habt so viel Angst vor eurer Energie, und ihr glaubt, es ist leichter für euch, wenn ihr sie nicht annehmt und bewußt lebt.

Letztendlich ist es viel anstrengender und schmerzhafter, nicht mit seiner Energie in sich selbst zu sein. Ihr fügt euch große Schmerzen zu, indem ihr die Verantwortung für das, was passiert, abgebt, indem ihr Schuldzuweisungen macht, indem ihr Gründe für Verschiedenes im Außen sucht. Es schmerzt euch sehr, weil es euch von der Einheit in euch wegführt. Letztendlich ist das ein großer Energie- und Kraftaufwand. - Und das ist auch eure Absicht, - eure Energie, nicht gebündelt, intensiv und klar in euch zu haben, sondern sie zu verströmen, zu verlieren und gegen euch zu richten.

Einer der wichtigsten Faktoren auf eurem menschlichen und spirituellem Weg ist es, die ausgefahrenen Zeigefinger, die Übertragungen auf andere Menschen, die Abwertungen und das Verleugnen eigener Schatten zu überwinden. Seht, alles gehört zu euch. Je mehr ihr eure Schattenseiten betrachtet, je mehr ihr diese Energien in euch zulaßt, die ihr nicht sehen wollt, die jedoch im Außen an euch herangetragen werden desto mehr werdet ihr euch eins fühlen, vollständig und kraftvoll. Opfer- und Tätergefühle und Erfahrungen werden weniger werden. Die Schattenseiten in euch zu sehen, euch mit ihnen auseinanderzusetzen und sie zuzulassen – das ist ein wichtiger Schritt auf eurem Weg zu wahrer Spiritualität. Das sind die Puzzleteile, die bei vielen von euch zu dem ganzen Puzzle des All - Eins - Sein fehlen.

Sagt euch immer wieder: "Ich übernehme Verantwortung für das, was mir geschieht. Ich habe diese Situation geschaffen und ich bin die Person, die diese Situation erlösen kann. Ich bin bereit, alles, was existiert, alles, was um mich herum geschieht, in mir selbst zu vereinigen. Ich bin bereit, die Gedanken von Trennung, Gedanken von Nichtverantwortlichkeit immer wieder in mir zu entlarven und zu erlösen."

Und wenn ich hier von Verantwortlichkeit rede, dann meine ich nicht die Überverantwortlichkeit, die einige von euch dann zum Ausgleich leben. Übertrieben ausgedrückt - sich für jeden Menschen, für alles, was geschieht, verantwortlich zu fühlen, ist eine ganz andere Angelegenheit.

Wenn es einer anderen Person schlecht geht, bist du meistens nicht dafür verantwortlich. Dieser Mensch ist dafür verantwortlich, was ihm passiert, und nicht du! Du brauchst dich nicht schuldig und verantwortlich fühlen, wenn es jemand anderem schlecht geht. Es hilft weder dir noch der anderen Person. Der Schlüssel ist Mitgefühl; - zu fühlen, wie es einem anderen Menschen geht und ihn trotzdem in seiner Verantwortlichkeit, was immer geschieht, zu lassen. Mitgefühl - fühle dieses Wort: Mitgefühl -. Du bist in deiner eigenen Verantwortlichkeit und fühlst mit einem anderen Menschen, der wiederum in seiner eigenen Verantwortlichkeit steht. Ihr begegnet euch als gleichberechtigte Partner. Ihr seid Schwestern und Brüder.

Du bist letztendlich für dich allein verantwortlich. Wenn du dich für eine andere Person verantwortlich fühlst, prüfe deine wahre Motivation. In den meisten Fällen geht es nicht wirklich um die andere Person. Du machst diese andere Person damit klein. Denn wenn du dich für diese Person oder ihre Gefühle verantwortlich fühlst, erkennst du nicht die göttliche Vollkommenheit, die Selbstverantwortlichkeit dieses Menschen in jedem Augenblick.

Natürlich sind Erwachsene für ihre Kinder verantwortlich, und das ist auch in Ordnung so. Wobei auf einer ganz tiefen Ebene auch eure Babys, wenn sie auf eure Welt kommen, für das verantwortlich sind, was ihnen geschieht. Sie haben es vorher schon geplant, sie haben es selbst kreiert. Sie haben sich ihre Eltern, die Geschehnisse und Umstände ausgesucht, und aus eurer menschlichen Betrachtungsweise sind natürlich die Eltern für ihre Kinder verantwortlich. Ich sage, ja, in bestimmten Fällen, aus bestimmten Betrachtungsweisen, aus bestimmten Aspekten kann es in Ordnung sein, sich für jemanden verantwortlich zu fühlen. Doch in den meisten Fällen entspringt dieses Gefühl nicht einem Gefühl der Liebe, des Mitgefühls und der Güte. Es sind oft egoistische Beweggründe. Ihr seid für euch selbst verantwortlich. Ihr seid für all den Schmerz, für all die schlechten Erfahrungen und Schwierigkeiten eures Lebens selbst verantwortlich. Ihr wähltet diese Erfahrungen, und das ist auch gut so. Denn durch viele schwierige Erfahrungen konntet ihr lernen, obwohl es auch viele andere Wege des Lernens ohne Schmerz gibt. Ein Vorschlag von mir ist, eine Liste zu schreiben, aufzuschreiben, was ihr haßt oder nicht mögt, - welche Menschen, - welche Frauen, - welche Männer - welche Eigenschaften, - welche Qualitäten, was auch immer in eurer Welt existiert, im Inneren wie im Äußeren. Schreibt auf. Schreibt über eure Gefühle des Hasses, des Zorns, der Ablehnung, des Nichtmögens und des Ekels. Danach formuliert und seht diese Sätze in dem Bewußtsein und in der Form, daß sie ein Teil von euch sind: Ich mag das und das an mir nicht.

Versucht zu ergründen, was ihr mit dieser Energie in euch gemacht habt. All die äußeren Dingen, die ihr nicht mögt, wo liegen sie in euch? Was habt ihr damit gemacht? Freundet euch damit an, all das, was ihr im Außen nicht mögt, liegt auch in euch. Auch ein Teil von euch ist so, und damit eröffnet ihr euch eine neue Welt, ihr eröffnet euch neue Energien und neue Kräfte. Ich verspreche euch, wenn ihr diese Energien zu euch nehmt, werden sie verwandelt werden. - Wenn ihr eure Schatten erlöst, wird ein Gefäß frei, in das die göttliche Liebe, in das die Freiheit einfließen kann, in dem das Wahr - sein stattfinden kann. Wenn der Himmel und die Erde sich in euch vereinigen, das Licht und der Schatten, werdet ihr reine Ekstase sein. Ekstase ist die Vereinigung von Kräften. In dieser Vereinigung von Gegensätzen begegnet ihr der Glückseligkeit und der Ekstase. Also, meine Lichtsucher, vergeßt den Schatten nicht. Alles braucht seinen Ausgleich.

Seht ihr, wir sind geistige Wesen, Wesenheiten des Lichts. Auch wir suchen Ausgleich mit Menschen. Wir, das Formlose, suchen die Form - und ihr, die ihr in der Form seid, sucht das Formlose. Übernehmt Verantwortung. Ihr seid alles, was existiert. Wie innen, so außen - das ist eine göttliche Gesetzmäßigkeit. Wißt ihr, wenn ihr eure Schatten befreit, wenn ihr für das Dunkle in euch Verantwortung übernehmt, strahlt in euch das Licht. Ihr braucht gar nichts für das Licht zu tun.

Wenn ihr euren Schatten annehmt, dann wird er erleuchtet werden.
Sucht ihr nur nach dem Licht, nur nach der Spiritualität, dem Erleuchtetsein und leugnet euren Schatten, so werdet ihr ab einem gewissen Punkt euch nicht mehr weiterentwickeln.
Nehmt ihr jedoch eure Schatten zu euch und die Verantwortung für alles, was ihr seid, werdet ihr Glückseligkeit und Ekstase sein.
Das Streben nur ausschließlich nach dem Licht wird euch in die Nähe des Lichts führen, aber es reicht nicht, um das Licht zu sein.
Um das Licht zu sein, müßt ihr auch der Schatten sein.

Also werdet erwachsen. Seht euer Auf-der-Erde-sein mit offenen und klaren Augen. Ihr seid auf der Erde, weil das in diesem Moment eure Verantwortung und eure Wahl war und ist. Ihr seid nicht geschickt oder dazu gezwungen worden. Nehmt diese Kraft eurer Entscheidung und eure Verantwortung bewußt an, setzt eure Füße Schritt für Schritt und ganz bewußt auf eure Mutter Erde. Es ist eure Verantwortung und eure Entscheidung, dort zu sein, und gleichzeitig könnt ihr auch in Verbindung mit dem Himmel sein. Die Verantwortung und die Entscheidung eures Lebens auf der Erde gehören zu euch. Ihr habt euch entschlossen; ihr hattet die Wahl! Es ist Zeit, die Kinderschuhe auszuziehen. Es ist Zeit, erwachsen zu werden und die Verantwortung für euch und euer Da - Sein auf diesem wunderschönen Planeten Erde zu übernehmen.

Mit der Erinnerung an eure Verantwortung für euer Leben, für euer Glück, für eure Heimat und euer Eins - Sein möchte ich mich von euch verabschieden, ihr Schöpfer eures Lebens. Ich verneige mich vor euch und ehre die Verantwortung und die Einzigartigkeit in jedem von euch. Genießt die Reise zu allen Anteilen in euch, zu Licht und Schatten und zu dem, was ihr jenseits von dem seid und was jenseits von dem existiert.

In Strenge und Güte.

*****

Jenseits der Trennung

Andon Andromeda

Ihr Brüder und Schwestern. Ich möchte mit euch über Brüderlichkeit und Schwesterlichkeit sprechen.

Vielleicht kennen einige von euch die Engelkarte *Brüderlichkeit und Schwesterlichkeit* von Findhorn. Wenn ich von Brüderlichkeit und Schwesterlichkeit spreche, sind nicht automatisch nur eure Beziehungen zu euren leiblichen Schwestern und Brüdern gemeint. Sie können auch gemeint sein, müssen es aber nicht. Vielleicht gab es Aspekte zu euren Geschwistern von Brüder- und Schwesterlichkeit, sie sind aber kein Garant dafür. Ein Gefühl von Brüderlichkeit und Schwesterlichkeit ist zu jedem Menschen möglich, unabhängig von familiären Bindungen. Brüderlichkeit und Schwesterlichkeit meint die Verständigung, den Umgang und das Fühlen mit einem anderen Menschen auf derselben Ebene. Es ist eine Möglichkeit, Verbindung zu einem anderen Menschen zu spüren. Es ist die Möglichkeit, sich gegenseitig zu unterstützen. Es birgt die Möglichkeit, wie ihr so schön sagt, euch zu verschwestern und zu verbrüdern. Brüderlichkeit und Schwesterlichkeit ist ein Aspekt, eine Energie, die notwendig ist, entwickelt zu werden. Es ist die "erlöste Seite" der Konkurrenz - die die Trennung, das Leistungsorientierte in ein Gefühl des Miteinanders, in ein Gefühl der Gemeinsamkeit, in ein Gefühl des Nicht-getrennt-Seins und Eins-Seins verwandelt.

Konkurrenz entsteht aus dem Gefühl, daß einer "besser" sein muß als der andere, um Anerkennung zu bekommen, um geliebt zu werden, oft auch, um zu überleben. Die Grundlage ist das Gefühl, daß nicht genug Platz und nicht genug Liebe für alle da ist.

Konkurrenz und ein Gefühl von Nichtbrüderlichkeit und -schwesterlichkeit entstehen aus einem Bewußtsein des Mangels.

Sie entstehen aus dem Bewußtsein, daß wir getrennt voneinander sind und nur der Stärkere überlebt. Diese Gefühle kennt jeder von euch, und auch, wenn sie momentan nicht präsent sind und auch, wenn ihr sie niemals bewußt spüren konntet, sind sie ein Teil von euch.

Konkurrenz und Neid sind oft Schattengefühle von euch. Konkurrenz und Neid sind Gefühle, die nach euren Wertmaßstäben nicht da sein dürfen und die nur bestimmte, sehr ehrgeizige Menschen haben, die ihr in eurer Ellbogengesellschaft sehr schnell und sehr gut erkennen könnt. Und auch ihr, die ihr von diesem Gefühl vielleicht weniger beherrscht seid, und auch ihr, bei denen diese Motivation nicht so sichtbar, spürbar und offensichtlich ist - auch ihr tragt diese Gefühle in euch. Und gerade ihr, die ihr glaubt, diese Gefühle nicht zu kennen, forscht in euch nach. Seid wirklich ehrlich zu euch. Wenn ihr den Mantel des "Heiligen" von euch lüftet, werdet ihr sehen, daß auch ihr nicht ohne Neid und Konkurrenzgefühle seid. Das ist überhaupt nicht schlimm und kein Grund zur Beunruhigung. Ihr braucht euch deshalb nicht als schlechter Mensch zu fühlen und zu sehen. Konkurrenz und Neid sind Gefühle, die zu jedem Menschen mehr oder weniger stark gehören. –

Um wirkliche Brüderlichkeit und Schwesterlichkeit zu entwickeln, ist es notwendig, daß ihr diese Gefühle von Konkurrenz und Neid wahrnehmt, daß ihr euch dessen bewußt seid. Denn nur, wenn ihr sie erkennt, könnt ihr sie in Brüderlichkeit und Schwesterlichkeit wandeln, und selbst das wird nicht immer möglich sein - und Konkurrenz bleibt Konkurrenz, und Neid bleibt Neid. Doch möglicherweise werdet ihr mehr und mehr eine wirkliche Brücke zu anderen Menschen bauen und gleichberechtigt Hand in Hand marschieren und, seid ihr auch noch so unterschiedlich, euren Platz nebeneinander haben und trotzdem euren Weg gehen. Brüderlichkeit und Schwesterlichkeit beinhalten das Gefühl, nicht getrennt zu sein von allem. Es betont die Verbindung von Mensch zu Mensch, von Wesen zu Wesen. Es ist das Bewußtsein, nicht allein und verloren auf eurer Erde zu sein.

Gerade auch für Menschen wie Barbara und Guido, die sich manchmal fehl am Platz und nicht zu Hause auf eurer Erde gefühlt haben, ist es wichtig zu erkennen, daß ihr anders als manche Menschen seid und andere anders als ihr und andere wiederum anders usw. Weder die "anderen" müssen so werden wie ihr, noch ihr wie die anderen. Alles darf nebeneinander existieren, und dennoch seid ihr Brüder und Schwestern hier auf dieser Erde.

Letztendlich existiert ein Anders - Sein nicht. Ihr seid nicht voneinander getrennt. Und zueinander gehören muß bei euch nicht heißen, gleich zu sein. Und darum, ihr Wesen, die ihr euch so fremd unter den "anderen" fühlt, ihr seid wirklich willkommen auf der Erde, und begegnet andersartigen Wesen in Liebe und Respekt, in Brüderlichkeit und in Schwesterlichkeit. Es gibt kein Besser und Schlechter. Es gibt nur so unglaubliche viele Existenzformen, so wie es Menschen unterschiedlicher Herkunft und mit unterschiedlichem Hintergrund gibt. Trotzdem - alles ist, wie es ist, und es ist in sich vollkommen. - Kein Besser oder Schlechter. Jede Form, jede Energie darf die sein, die sie ist. Wenn ihr das in Liebe fühlt und begreift, könnt ihr euch in Wärme von Bruder zu Bruder und von Schwester zu Schwester begegnen. Und dann gibt es sicherlich Menschen, bei denen es euch leicht fällt, dieses Gemeinsame zu finden, weil vielleicht viele Ähnlichkeiten vorhanden sind. Das ist schön, daß ihr euresgleichen findet, und trotzdem sind die Wesen, die euch so andersartig, so fremd erscheinen, Brüder und Schwestern eures Universums. Auch diese sind ein Teil von euch, und gleichzeitig ist es euer gutes Recht, Menschen zu suchen und anzuziehen, die euch ähnlich sind, oder bei denen ihr euch wohlfühlt. Doch wertet die anderen nicht ab, genauso wenig wie ihr für euer Unterschiedlich - Sein abgewertet werden wollt.

Letztendlich seid ihr alle vollkommen. Letztendlich seid ihr alle göttliche Wesen. Und bis zur absoluten Quelle zurück seid ihr alle gleich. Brüderlichkeit und Schwesterlichkeit heißt also nicht, zwangsweise das Gemeinsame zu suchen und das Individuelle und euer Sein aufzugeben. Es heißt, einander so zu lassen, wie ihr seid, und trotzdem das Gemeinsame zu finden.

Konkurrenz und Neid sind auch Gefühle, die euch vieles lehren und euch schon gelehrt haben. Durch das Gefühl der Konkurrenz strengt ihr euch an. Ihr verbraucht sehr viel Energie, um vorwärtszugehen, - und auch, wenn es aus keinem "gesunden" Grundgefühl entspringt, ist dieses Vorwärtsgehen eine Hilfe gewesen, verschiedene Dinge zu lernen, - vielleicht auch diese sehr schnell lernen zu müssen. Der Preis ist jedoch die Einsamkeit, die Einsamkeit und der Schmerz der Trennung. Es ist die Einsamkeit und der Schmerz der Trennung von den anderen Menschen und gleichzeitig der Schmerz der Trennung von dem Göttlichen in euch, von der Liebe in euch, die sich annimmt und liebt, egal was ist, was ihr leistet, egal, wofür und ob ihr kämpft und was ihr erreicht.

Es ist sehr traurig, daß ihr Menschen so viel tut, um geliebt und anerkannt zu werden, und daß ihr euch anstrengt und anstrengt, um für das, was ihr erreicht habt, für bestimmte Leistungen oder irgendwelche philosophischen oder sonstigen Werte, geliebt zu werden und eine Daseinsberechtigung zu haben.

Ihr werdet geliebt, nur weil ihr da seid, weil ihr existiert.

Eure Aufgabe ist zum Teil zu erkennen, daß ihr vollkommen seid, und zu lernen, in Liebe zu sein - nichts für die Liebe tun zu müssen, euch die Liebe nicht verdienen, erkämpfen oder erarbeiten zu müssen. Der Schmerz in dem Kampf um Liebe ist sehr groß, da ihr getrennt seid von euch und dem göttlichen Eins - Sein in Liebe. Und dennoch - erst durch dieses Gefühl des Getrenntseins könnt ihr bewußt nach dem Einssein suchen, das Einssein als das wahrnehmen, was es ist. Insofern lassen euch Gefühle wie Konkurrenz und Neid, die sehr trennend sind, die euch einsam machen, nach dem Gefühl von Brüderlichkeit und Schwesterlichkeit, des Eins - Seins mit allem, was ist, suchen. Brüderlichkeit und Schwesterlichkeit muß nicht heißen: Hey, peace, Mann!! Wir sind alle Brüder und Schwestern, was auch in eine Grenzenlosigkeit führen kann und dem einzelnen nicht das Individuelle läßt. Ich meine eine Brüderlichkeit und Schwesterlichkeit, die jedes Individuum so sein läßt, wie es ist, die die Verbindung im Sein fühlen kann, wenn es angemessen und notwendig ist.

Es gibt den Satz, die Aussage: *Ihr seid alle Brüder und Schwestern*. Diese Aussage hat eine tiefe Wahrheit und Weisheit, wenn sie so verstanden wird, wie sie in ihrer Tiefe gemeint ist. Euch wurde bewußt und unbewußt gelehrt, daß euer Ego so wichtig ist und daß das Ich vom Du vollständig getrennt existiert. Ich will, ich kann, ich mache, ich, ich, ich.

Für euch Menschen ist es ja auch wichtig, euch als "Ich", als einzelnes Individuum wahrzunehmen, mit all euren Bedürfnissen und eurem Willen wahrzunehmen und zu fühlen, und dennoch seid ihr von den anderen nicht getrennt. Vielleicht laßt ihr einmal die Worte *Brüderlichkeit* und *Schwesterlichkeit* auf euch wirken. Ihr könnt sie auch innerlich wie ein Mantra wiederholen. Immer wieder: Brüderlichkeit und Schwesterlichkeit ...

Und auch hier fühlt: Was ist die Kraft, was ist die Energie hinter diesen Worten? Laßt die Energie dieser Worte in euch fließen. Vielleicht erinnert ihr euch immer wieder einmal daran. Findet heraus, was Brüderlichkeit und Schwesterlichkeit für euch bedeutet. Geht mit euren Erfahrungen mit und werdet euch eurer Gefühle der Konkurrenz und des Neids bewußter.

Erinnert euch, diese Gefühle sind nicht "schlecht". Sie sind einfach nur Gefühle, und sie sind in jedem Menschen vorhanden. Also habt kein schlechtes Gewissen und beschuldigt euch nicht. Nehmt sie einfach nur wahr, - eben weil sie da sind.

Ihr Menschen, ich habe und ich fühle Brüderlichkeit und Schwesterlichkeit für euch, obwohl ich kein Mensch bin, und trotzdem kann ich mit euch in Verbindung treten. Ich kann das sein, was ich bin, und gleichzeitig Bruder und Schwester von euch sein.

Zwischen Barbara und mir gibt es ein großes Gefühl der Brüderlichkeit und Schwesterlichkeit. Ich empfinde sie als meine Schwester und sie mich als einen ihrer Brüder. Und so gibt es viele Menschen und andersartige Wesen, die euch Brüder und Schwestern sein können auf eurem Weg. Öffnet euch diesem Gefühl und bemerkt: Ihr seid nicht getrennt, ihr ward und ihr werdet niemals getrennt sein. Ihr seid eins. All - Eins. Ihr könnt vor eurem inneren Auge Menschen, die sich an den Händen halten, in einem Kreis visualisieren, in dem auch ihr euch befindet. Ihr seid in diesem Kreis ein eigenständiges Wesen und trotzdem eins mit allen.

Nun verabschiede ich mich von euch und möchte euch ermuntern, die Kraft der Brüderlichkeit und Schwesterlichkeit zu euch zu rufen. Ihr könnt euch vorstellen, den Engel der Brüderlichkeit und Schwesterlichkeit zu euch zu rufen, wie bei den Engelkarten. Ihr könnt euch auch an mich und meine Energie wenden oder auch an andere Wesen, die euch nahe sind. Konkurrenz und Neid - Brüderlichkeit und Schwesterlichkeit.

Ich verabschiede mich jetzt in Brüderlichkeit und Schwesterlichkeit von euch, meine Brüder und Schwestern.

*****

Da liege ich gemütlich in der Sonne, die ich nach einem langen Winter um so mehr genieße, bin entspannt und sinne innerlich so vor mich hin. Fühle und denke über das vorangegange, am heutigen Morgen Gechannelte zum Thema Brüderlichkeit und Schwesterlichkeit nach und spüre den Impuls, von mir zu schreiben.

Ich erinnere mich gerade an verschiedene Situationen meiner Kindheit und möchte Ihnen von einer erzählen, die mich auch heute noch tief in meinem Herzen berührt.

Ich bin mit meinem Bruder Christoph aufgewachsen, der für mich nicht nur in diesem Leben mein genetischer, familiärer Bruder ist. Es gibt eine brüderliche und schwesterliche Verbindung, die weit über die familiären Bande hinausgeht.

In dieser Situation, an die ich mich erinnere, bin ich ungefähr sechs Jahre alt, Christoph dreieinhalb. Mein Vater rennt wutentbrannt durch die Wohnung und schreiend auf mich zu. An die Worte und an den Grund seines Zorns erinnere ich mich nicht mehr. Ich weiß nur, daß ich ihn scheinbar wieder einmal provoziert habe. In dem Moment, wo er mich schlagen will, wie so oft, höre ich die Stimme meines Bruders: "Papa, das war ich."

----- Stille -------- Pause.

Mein Vater erstarrt in seiner Bewegung, schaut Christoph, der, zumindest äußerlich, entschlossen dasteht, an. Ich bin total überrascht, wie vom Blitz getroffen, denn ich war es ja wirklich, die wie immer etwas "angestellt" hatte - nicht mein Bruder. In mir lösen sich meine körperliche Starre, meine Bewegungslosigkeit, in die ich eingetreten war. Meine Seele, meine Person ging wieder in ihren Körper zurück, den ich gewöhnlich in solchen Situationen verließ, um diese Angst, diese Bedrohung und diesen körperlichen und seelischen Schmerz nicht fühlen zu müssen. Ich fragte mich: ‚Was passiert jetzt? Was wird mein Vater jetzt tun? Warum nimmt mein Bruder das auf seine "Kappe"?' Eine stille Spannung war im Raum zu spüren. Dann sagte mein Vater ganz ruhig und nett zu Christoph: "Mach das besser nicht noch einmal." Punkt. --

Damit war zumindest die äußere Situation beendet. Innerlich war da ein Gefühl wie ein Wunder, wie ein Engel, der mir in dieser Situation gesandt wurde. Dieser kleine "Stöpsel" Christoph war innerhalb von Sekunden in seiner Kraft, wußte intuitiv, was zu tun war. Ich sah voller Demut seine göttliche Kraft, die mich und meinen Vater aus unseren Macht- und Ohnmachtsstrukturen befreite. Ich kann diesen Moment nicht beschreiben und die Erlösung, die ich (trotz aller Ängste, oder gerade wegen dieser Ängste) spürte und die bedingungslose Liebe, die von meinem Bruder ausströmte und in mein Herz floß und von mir in Strömen zurück. Auch jetzt, da ich darüber schreibe, spüre ich eine tiefe Dankbarkeit in mir.

Natürlich gab es für meinem Bruder auch einmal Gefühle der Konkurrenz, ebenso wie unendlich viele Momente wahrer Brüder- und Schwesterlichkeit.

*****

Freiheit und Abhängigkeit

Andon Andromeda

Ihr wurdet auf die Erde geboren mit einem freien Willen, mit der Fähigkeit und der Freiheit zu wählen, euren Weg selbst zu bestimmen, euren Weg und euer Leben selbst zu gestalten.

Es ist wahr: Bevor du auf die Erde inkarniert bist, gab es Absprachen und Verhandlungen mit dir, deinem Höheren Selbst, deinen geistigen Führern und Helfern und anderen Wesen, die dir beratend und helfend zur Seite stehen und standen, um dich in Umstände, in eine Situation inkarnieren zu lassen, die dir bei deinen persönlichen Themen bestmögliche Hilfe und bestmöglichste Lernerfahrungen geben kann. So gab es und gibt es immer wieder Absprachen, die für deinen Lebensplan zu dieser Zeit festgelegt worden sind und es immer wieder sein werden. Doch diese Absprachen und dieser Plan sind nicht streng und unumrückbar und kein Plan, in dem du nicht an einzelnen Stellen die Macht hast einzugreifen.

Es ist nicht so, daß, obwohl Absprachen vor deiner Inkarnation getroffen worden sind und karmische und universelle Gesetze bestehen, dein Leben in allen Punkten unumrückbar feststeht, dein Weg unumrückbar gezeichnet ist. Du hast wirklich deinen Willen und deine freie Wahl, und das kann und wird dir nichts und niemand nehmen können. Es gibt keinen "Gott", der für deinen Lebensplan Schicksal gespielt hat und Schicksal spielt und dir deine Lebenslinie so vorgezeichnet hat, daß du keine Einwirkung darauf hast und nicht mitentscheiden darfst und durftest. Es gibt keinen Plan, der außerhalb von dir geschrieben wurde. Zu allem, was passiert, und zu allem, was passiert ist, hast du deine Einwilligung gegeben! Und selbst wenn du vor einiger Zeit deine Einwilligung gegeben und deine Entscheidung zu bestimmten Themen getroffen hast, stehen diese auch nicht unveränderbar fest.

Es gibt auf deinem Weg durch dein Leben viele Stationen und Weggabelungen, und es liegt an dir und deinem freien Willen, dich zu entscheiden, diesen oder jenen Weg zu wählen; und es liegt an dir, eine bestimmte Thematik, eine bestimmte Problematik zu diesem oder auch zu einem späteren Zeitpunkt anzugehen. All das ist deine freie Entscheidung und deine Verantwortung. Natürlich gibt es Hauptthemen, die dein Leben bestimmen und an denen du nicht vorbeikommst, doch wie du den Weg gehst und wofür du dich entscheidest, liegt ganz allein bei dir.

Wir sagten es an anderer Stelle schon einmal und an dieser Stelle möchte ich es wieder ganz eindringlich sagen:

Die Verantwortung für dein Leben,
für deine Entscheidungen,
liegt einzig und allein bei dir.
Und die Chancen und Zeiten, karmische Muster aufzulösen,
alte Belastungen zu befreien,
sind größer und besser denn je.

Es gibt nichts, wozu du verdammt bist, es dein ganzes Leben zu leben. Es gibt nichts in deinem Leben, wozu du nicht die Kraft und die Macht hättest, es zu verändern, wenn die Zeit gekommen ist. Die freie Entscheidung und der freie Wille liegen in dir. Ist das nicht eine wunderbare Nachricht? Oder macht dir diese Tatsache Angst, daß du frei bist und frei entscheiden kannst? Du bist nicht abhängig von irgendetwas und irgendwem. Dein Leben liegt in deiner Hand, und dein Glück und deine Liebe liegen in der Freiheit, dich von Abhängigkeiten - sei es von einer höheren Instanz oder sei es von anderen Menschen - zu befreien.

Es gilt zu erkennen, daß alle Antworten, alle Wahrheit und alle Liebe in dir leben. Es ist notwendig, daß du dir deine Abhängigkeiten anschaust, daß du dir klar wirst, von welchen Menschen, von welchen Substanzen, von welchen Handlungen und von welchen Gefühlen du abhängig bist. In welchen Momenten gibst du deine Verantwortung und deine Macht ab, um einem Gefühl, um einem Menschen, um einem Suchtmittel, einer Substanz Macht über dich zu geben? Und erkenne, diese Abhängigkeit, die du dir erschaffst, wird nicht durch eine andere Person, durch ein Suchtmittel oder durch ein bestimmtes Gefühl an dich herangetragen und du wirst nicht willen - und machtlos abhängig gemacht. Es gibt nichts und niemanden, der dich abhängig machen kann, wenn du dich nicht dafür entscheidest. Sei dir dessen bewußt. Es ist deine Entscheidung, in diesem Moment, in dieser Situation oder auch über lange Zeit, abhängig zu sein!

Besinne dich auf deine Kraft und deine Macht, die in dir leben. Du bist nicht so hilflos und klein, daß du ohne einen bestimmten Menschen oder ein Mittel, oder was auch immer, nicht leben, nicht überleben kannst. Die Kraft, frei, glücklich und unabhängig zu leben, ist in jedem von euch Menschen gepflanzt.

Ihr seid euch oft eurer Kraft und Macht überhaupt nicht bewußt, und wenn ihr glaubt, ohne irgendetwas oder irgendwen nicht leben oder überleben zu können und dennoch nicht glücklich seid, dann gibt es Anteile und Aspekte eurer Selbst, die ihr noch nicht ins Leben gerufen habt. Und es ist ein Zeichen dafür, daß ihr die Kraft, die Macht und das Glück in euch selbst suchen sollt. Es gibt niemanden und nichts im Außen, von dem ihr wirklich abhängig sein müßt, um glücklich zu sein.

Ihr seid als Mensch mit all den Fähigkeiten und mit all der Kraft ausgerüstet, ein glückliches, zufriedenes und freies Leben zu führen. Es gilt nur, euch wieder an eure Kraft, an eure Vollkommenheit, an euer göttliches Selbst zu erinnern und euch euch selbst und eurer Liebe anzuvertrauen. Ist es nicht auch beglückend zu wissen, daß euer Leben in eurer Hand liegt und daß ihr viel unabhängiger und freier seid als ihr es euch vorstellen könnt? Ist es nicht ein Glück und eine unendliche Freiheit, alles in sich selbst finden zu können, wenn ihr euch auf die Suche begebt?

Und so ihr Menschen, schaut einmal in euch. Von welchem Menschen seid ihr abhängig und in welcher Form? Seid ihr von Substanzen, sei es Alkohol, seien es Drogen, Tabletten und Nahrungsmittel, oder was auch immer, abhängig? Seid ihr abhängig von dem Gefühl, geliebt zu werden? Seid ihr abhängig von dem Gefühl, stark zu wirken? Seid ihr abhängig von der Bestätigung anderer Menschen? Seid ihr abhängig von dem Bild, ein guter Mensch sein zu müssen? Seid ihr abhängig von der Demütigung anderer Menschen? Seid ihr abhängig, euch als Opfer von Menschen oder Situationen zu fühlen? Seid wirklich ehrlich zu euch. Und begreift, daß ein Loslassen eurer Abhängigkeiten nicht für immer ein großes Loch in euch hinterläßt. Vielleicht wird der Abschied von Dingen, von denen ihr abhängig seid, schmerzlich sein, doch wißt, es gibt Massen an Reichtümern in euch selbst, die dieses Loch mit Fülle, Licht und Kraft ausfüllen können. Wenn ihr eure Abhängigkeiten losläßt, seid ihr gefordert, euch mit dem Schmerz und der Angst, aber auch mit eurer Kraft, der Schönheit und der Liebe in euch zu konfrontieren. Ihr werdet entdecken, daß ihr keine Angst haben müßt, daß ihr frei seid und Kraft habt, um euer Leben zu gestalten.

Es ist wichtig zu begreifen, daß ihr überlebt und daß ihr vollkommener werdet, wenn ihr vertraut und eure Abhängigkeiten gehen laßt. Das Vertrauen in die göttliche Kraft und in eure eigene Macht wird euch helfen, eure Abhängigkeiten loszulassen, wird euch helfen zu erkennen, daß das ganze Universum in euch liegt und daß es für alle Glück und Freiheit bedeutet, wenn ihr eure Energien, die ihr durch eure Abhängigkeiten abgebt und irgendwo hinfließen laßt, wo sie nicht hingehören, zu euch zurücknehmt.

Ich möchte euch aufrufen, euch auf den Weg der freien Entscheidung, auf den Weg eurer Verantwortung und Macht zu machen, auf den Weg, der euch in Freiheit euch selbst lieben und leben läßt, auf den Weg der Rückkehr und des Erkennens des Göttlichen und der Vollkommenheit in jedem einzelnen von euch.

Wenn ich euch davon erzähle, daß ihr frei seid und alles, was ihr braucht, in euch selbst finden könnt, dann meine ich nicht, daß andere Menschen und ein Geben und Nehmen nicht menschlich und notwendig sind. Der Austausch von euch Menschen und die Unterstützungen, die ihr euch geben könnt, sind unermeßlich groß. Ihr Menschen braucht euch Menschen. Ihr braucht die Liebe, und ihr braucht auch Bestätigungen von anderen Menschen. Doch der Unterschied und der Punkt, den ich meine, ist der, euch nicht von der Bestätigung und von einem Menschen komplett abhängig zu machen. Ich meine das Prinzip der Freiheit und der Freude über ein Geschenk, über etwas, das euch wirklich freiwillig gegeben wird, nicht weil ihr davon abhängig seid oder die andere Person.

Es geht darum, all die verschiedenen Aspekte, die du durch Suchtmittel leben kannst oder auch verschiedene Menschen für dich leben läßt und die dir Ersatz geben, auf eine andere gesunde Weise in dir selbst zu finden. Und wenn du dir die Frage gestellt hast, wovon du abhängig bist, dann versuche tiefer zu schauen und zu sehen, welches Gefühl und welche Angst unter bzw. hinter der Abhängigkeit liegt.

Ist es die Angst, alleine zu sein? Ist es die Angst, bestraft zu werden? Ist es die Angst, nicht genügend Anerkennung und nicht genügend Liebe zu bekommen? Schau genau hin. Was ist der zentrale Punkt, das zentrale Gefühl, der zentrale Satz deiner Abhängigkeiten? Versuche genau, diesen Punkt, dieses Gefühl in dir selbst zu finden. Mache dich auf eine Reise in deine Innenwelt, um frei zu sein und dich durch dich selbst zu bereichern.

Du kannst auch die geistige Welt um Unterstützung bitten, dir zu helfen, deine Abhängigkeiten und Belastungen loszulassen, um dich dann mit deinem inneren Reichtum aufzufüllen.

Das Hören auf deine innere Stimme und dein Höheres Selbst ist ein ganz zentraler Punkt auf deinem Weg in die Freiheit. Es ist deine Hilfe, um dich von äußeren Abhängigkeiten zu befreien. Es weiß niemand von außen wirklich, was für dich richtig ist. Es ist wichtig, auf deine innere Stimme zu hören, denn sie gibt dir die Freiheit, der oder die zu sein, der oder die du bist. Sie gibt dir die Freiheit zu erkennen, daß alle Antworten und alle Erkenntnisse in dir selbst liegen. Das Hören und Lauschen auf deine innere Stimme und dein Höheres Selbst gibt dir die Freiheit zu erkennen, daß alles, was dir geschieht, in deiner Verantwortung liegt und in dem Vertrauen in eine göttliche Führung und in die göttliche Kraft.

Abhängigkeiten sind die andere Seite der Freiheit. Und Menschen, die sehr abhängig sind, suchen einerseits sehr nach der Freiheit und doch können sie sie, wenn sie immer in der Abhängigkeit verweilen, nicht finden. In Abhängigkeiten zu gehen kann ein Weg in die Freiheit sein. Denn wenn die Abhängigkeit stark und unerträglich wird, macht ihr euch auf den Weg, nach der Freiheit zu suchen. So können euch Abhängigkeiten manchmal auch bei eurer Weiterentwicklung helfen. Abhängigkeiten können aber auch in den Abgrund führen, aus dem es schwer ist, wieder herauszusteigen, wenn ihr euch nicht an eure eigene Kraft und eure eigene Macht erinnert. Es ist ein gefährliches Unterfangen - und kann gleichzeitig auch eine große Chance sein, wenn ihr lernt, durch die Abhängigkeiten hindurchzugehen, aus ihnen herauszutreten und euch zu befreien.

Abhängigkeiten halten dich davon ab, dein Leben so zu leben, wie es dir wirklich entspricht. Abhängigkeiten halten dich ab, dein volles Potential zu leben und deinen Weg zu gehen und deine Aufgabe anzunehmen. Je mehr du dich befreist von alten karmischen Strukturen und je mehr du aus dem Rad von Ursache und Wirkung heraustrittst, indem du deine Verantwortung erkennst, desto mehr kannst du das Leben leben, das du leben willst und das auf Erden verwirklichen, was dein Wunsch, deine Begabung und deine Bestimmung ist. Du gibst dich dann nicht mehr mit deinen engen Grenzen, deinen Schranken und Abhängigkeiten zufrieden. Du willst groß werden, und du willst strahlen, und du willst deinen Reichtum in freier Entscheidung in die Welt tragen und die Welt bereichern.

Es gibt viele Menschen, die dabei sind, in dieser Zeit ihre alten Muster zu durchbrechen, sei es bewußt oder unbewußt, sei es mit dem Wissen um karmische und abhängige Strukturen oder auch in vollkommener Unwissenheit. Es macht auch keinen wirklich großen Unterschied. Wichtig ist das, was ihr tut. Wichtig ist das, was ihr auf der Erde verwirklicht. Es reicht nicht aus, wenn ihr euch über karmische Strukturen von Ursache und Wirkung und mit theoretischem Wissen über die Psyche und über die spirituellen Aspekte eines Menschen und des Menschsein informiert. Es reicht wirklich nicht aus!

Was zählt, ist die Veränderung in euch und das Durchtrennen dieser alten Energiestrukturen, dieser alten Energiemuster und dieser alten Energiebänder. Und wie gesagt, gibt es Menschen, die sich mit all diesem Wissen nicht auseinandergesetzt haben und die "erfolgreicher" ihre Muster, ihre Beschränkungen und Abhängigkeiten auflösen als manche Menschen, die sich mit karmischen Abläufen, mit psychischen und spirituellen Hintergründen auskennen, aber ihr Wissen nicht in ihrem konkreten Leben praktisch umsetzen.

In den ganz konkreten Situationen deines Lebens ist gefragt, dich von deinen Abhängigkeiten zu befreien und die Kraft und die Vielfalt in dir selbst zu erkennen und zu erkennen, daß das, was im Außen liegt, in dir selbst lebt, und genau dieses umzusetzen. Es geht auch nicht nur um ein energetisches Unterbrechen und Durchschneiden deiner Abhängigkeiten, die dann im Irdischen, im Verdichteten, durch dein altes Handeln wiederhergestellt werden und erhalten bleiben.

Wenn du von einem Suchtmittel abhängig bist, dann schau dich um nach ganz konkreter Hilfe in deinem Leben. Mache vielleicht eine Therapie und entscheide dich aus dir selbst heraus, von diesem Suchtmittel frei werden zu wollen. Es ist deine Entscheidung, und keine Therapie und kein Mensch dieser Welt kann dir helfen, dich von deiner Abhängigkeit zu befreien, wenn du nicht an den Punkt kommst, dich selbst dafür zu entscheiden, frei sein zu wollen. Wenn du dich entschieden hast, frei sein zu wollen, dann können dir eine Therapie und die Unterstützung anderer Menschen eine Hilfe sein, aber wisse, nur eine Therapie und nur andere Menschen können ohne deine wirkliche Entscheidung nichts, rein gar nichts an wirklicher oder langfristiger Veränderung bewirken. Alles geht nur mit deiner Entscheidung und deinem Mitwirken! Praktisches Handeln ist gefragt, Taten, Entscheidungen und Verantwortung und eben das Umsetzen deiner Ideen und deiner Entscheidungen.

Und genauso verhält es sich auch in Abhängigkeiten in Beziehungen. Entscheide dich dann, dich anders zu verhalten und wirklich etwas zu unternehmen. Natürlich ist der erste Schritt, einmal zu erkennen, wo du dich in Abhängigkeiten befindest, die dir schaden. Wo bist du unfrei, und welche Ursachen hat das? Dann ist der nächste Schritt zu schauen, wie du diese Abhängigkeit auflösen kannst. Wie kannst du deine Situation verändern? Und wie kannst du das finden, was du suchst? Und dann mache dich auf die Suche in dir selbst nach dem, was du in der Abhängigkeit von einer Beziehung oder von einem Suchtmittel, von einem Gefühl, von einer Bestätigung und was auch immer suchst.

Ihr wißt ja, daß in dem Begriff Sucht die Suche enthalten ist. Es ist die Suche nach einem Zustand, nach einem Gefühl, das ihr im Außen verzweifelt und maßlos sucht, wodurch ihr in eine Sucht und Abhängigkeit geratet. Der Wunsch der Suche nach einem bestimmten Gefühl oder Zustand ist etwas ganz Gesundes, ist etwas, was euch helfen kann, nur bedeutet im Außen zu suchen den Weg in die Abhängigkeit.

Der Weg der Suche nach einem Gefühl und einem Zustand führt dich, wenn er zu dir selbst nach innen führt, auf den Weg der Freiheit. Sei gewiß, sie ist wertvoll, die Information, die unter deiner Abhängigkeit, unter deiner Sucht verborgen liegt. Vielleicht ist es deine Suche nach Liebe, deine Suche nach Geborgenheit, nach Loslassen und danach, "Schwäche" zeigen zu dürfen, und deine Suche nach Unendlichkeit. Vielleicht ist es auch die Traurigkeit, die du nicht sehen willst und die, wenn du sie in dir zuläßt, dich bereichern und frei sein läßt. Suche nach dem Gefühl, nach dem Zustand, den du dir wünscht, vor dem du Angst hast oder was auch immer. Die Antworten liegen in dir. Die Welt und die Erde brauchen Menschen, die frei sind, die sich mehr und mehr befreien von alten Lasten, alten Strukturen und alten Abhängigkeiten. Sieh ein Bild vor dir, wie du bist, wie du aussiehst und was du tust, wenn du frei bist von allen Abhängigkeiten, wie du dich entfaltest, wie dein Innerstes im Außen erblühen kann. Die Erde will wachsen, so wie ihr es letztendlich auch wollt. Und dazu ist notwendig, daß ihr aufsteht und groß werdet und euren freien Willen erkennt und erkennt, daß ihr die Wahl habt.

Du hast die Wahl, du hast die Entscheidung und du hast die Kraft, dein Leben so zu gestalten und dein Leben dir so zu erschaffen, wie du es dir wünschst. Nichts und niemand außer dir selbst hat die Schuld oder die Verantwortung für irgendetwas in deinem Leben.

Werdet erwachsen und erkennt euer göttliches Potential und eure unermeßliche Kraft an. Ihr gebt eure Macht und eure Kraft ab, wenn ihr abhängig seid. Freut ihr euch nicht auf einen neuen Morgen, an dem ihr in eurer vollen Größe, in eurer vollen Macht und Kraft erstrahlen könnt? Auf einen neuen Morgen, an dem ihr der oder die sein könnt, die ihr wirklich seid? Habt keine Angst, ihr werdet euch nicht auflösen, ihr werdet nicht verschwinden, und ihr werdet auch nicht zerstören.

Und nun stellt euch einmal vor, wenn ihr eure Augen schließt, wie ihr all die Bänder von Abhängigkeiten zu Menschen, zu Dingen durchschneidet. Und wenn euch dies nicht möglich ist, dann nehmt wahr, warum es euch nicht möglich ist, diese Abhängigkeit, diese Energielinie, diese Energiestrukturen zu durchtrennen. Es ist in Ordnung, erzwingt nichts, aber wißt um diese Abhängigkeit und die Notwendigkeit, daran weiterzuarbeiten. Und wenn ihr diese Energieseile, diese Energiebänder, diese Strudel von Abhängigkeiten mehr oder weniger aufgelöst habt, dann stellt euch vor, wie ihr mit jedem Atemzug euren Körper und euer Energiefeld größer und größer werden laßt, lichter und lichter, und wie sich eure Aura ausbreitet in einem riesigen Feld, und sie in all den Farben, in all der Helligkeit und in all der Vollkommenheit erstrahlt, die in euch lebt und euch umgibt. Fühle, wie du wächst und wächst, wie dein Energiekörper sich ausbreitet und ausbreitet. Stell dir vor, daß es auch andere Menschen gibt, die dich in ihrer wahren Größe umgeben und sieh, daß genug Platz für alle da ist, daß jeder von euch in seiner Vollkommenheit leben kann und wie dann ein freier Austausch von Liebe, ein freier Austausch von Gefühl, ein freier Austausch von Energien stattfinden kann. Wenn du dich von Abhängigkeiten befreist, heißt das nicht, daß du deinen Mann, deine Mutter, deine Familie oder wen auch immer nicht mehr lieben kannst und deine Beziehung zu ihnen auflösen mußt. Im Gegenteil, deine

Liebe wird freier und freier und sie ist nicht mehr und immer weniger an Bedingungen geknüpft. Sie kann sich verschenken, weil sie sich verschenken will. Sie kann leben, weil sie leben will. Und nicht, weil sie das Ego und die Abhängigkeit eines Menschen nähren muß. "Liebe", Zuwendung, die auf der Basis von Abhängigkeit basiert, wird euch nicht sättigen und euch nicht nähren. Es ist wirklich, wie ich euch schon sagte, ein energetisches schwarzes Loch, ein Sog, der existiert und der Liebe, Anerkennung oder auch bestimmte Gefühle verschlucken kann. Es ist wie ein Faß ohne Boden, und du wirst dich nicht satt, genährt und geliebt fühlen. Denn die Energie, die euch gegeben wird, wird von diesem schwarzen Loch, von dieser schwarzen Energie aufgesaugt und verschluckt und sie verschwindet und löst sich im Nichts auf. Ihr werdet so nicht das bekommen, was ihr euch wirklich wünscht. Das, was ihr euch wirklich wünscht, ist, euren freien Willen zu nutzen und frei und unabhängig zu leben, in Liebe und Dankbarkeit euch selbst und eurer göttlichen Führung gegenüber.

Andere Menschen werden und sind deswegen nicht unwichtig. Beziehungen sind deswegen nicht unwichtig. - Im Gegenteil. - Für euch Menschen sind alle diese irdischen Dinge sehr, sehr wichtig.

Egal, was es gerade gibt, ob es ein Computer oder ein Auto ist, all die Dinge, die geschaffen worden sind, mit denen darfst du in Beziehung treten. Sie wären nicht geschaffen worden, wenn sie dir nicht in manchen Umständen helfen könnten. Die Schwierigkeit liegt nur in der Abhängigkeit von all diesen Dingen und nicht in dem Umgang und an dem Austausch an sich.

So, nun werde still und fühle die Kraft in dir. Erinnere dich an das Lichtschwert von Erzengel Michael, das all die Abhängigkeiten durchtrennt. Nimm dein dir eigen verliehenes Lichtschwert an und verpflichte dich, wenn du willst, dein göttliches

Selbst und deine dir ureigenste Energie zu leben und mit deinem Lichtschwert deine Abhängigkeiten zu durchtrennen und das Wahre von dem Unwahren zu trennen. Nimm das Lichtschwert als Hilfe, um dich zu befreien, in Liebe, in Demut und Dankbarkeit für dich und dein Gegenüber. Und wenn du Abhängigkeiten in Beziehungen spürst, gib dem anderen dafür nicht die Schuld. Gib ihm nicht all deine Wut, weil du ihn für deine Situation verantwortlich machst. Verändere dich und deinen Standpunkt. Wirbele nicht unsinnigerweise mit deinem Schwert herum. Durchtrenne klar und bleibe bei dir und in deiner Kraft. Wenn du beginnst, einem anderen die Verantwortung und die Wut für deine Situation und deine Gefühle zu geben und jemand anderen schlecht zu machen, bist du wieder in der Abhängigkeit. (Denn dir wäre es ja nicht so schlecht gegangen, hätte jemand anders sich nur richtig verhalten.)

Verstehst du, wie abhängig du dich dadurch machst? Diese Sätze in dir entsprechen nicht der Wahrheit. Du hast gewählt. Es reicht, wenn du deine Energie aus einer Abhängigkeit zu dir zurücknimmst. Wenn du beginnst, jemand anderem Vorwürfe zu machen, führst du dir und dem anderen Leid zu. Auch wenn du dich damit befreien willst, fütterst du damit deine Energie der Abhängigkeit. Du bleibst in dieser Energie und in diesem Kontakt auf dieser abhängigen Ebene. Du kannst nur aussteigen, indem du erkennst, daß du verantwortlich bist, ganz alleine du. Der Anteil der anderen Person ist ihr Anteil und ihre Entscheidung. Auch dafür bist du nicht verantwortlich. Du bist nur für deinen Teil verantwortlich.

Werde erwachsen und erkenne, wenn du dich wie ein kleines, wütendes, rachsüchtiges und verletztes Wesen verhältst. Auch das ist in Ordnung. Das ist ein Teil von dir und ein Teil, der in jedem Menschen lebt. Du brauchst dich dafür nicht zu verachten. Erkenne, es ist nicht der Weg aus der Abhängigkeit. Der

Weg aus der Abhängigkeit ist das Übernehmen deiner Verantwortung für dich und deine Macht, egal, wie irgend jemand anders reagiert oder egal, welche Situationen sich ergeben. Und auch wenn du keine wirklichen Abhängigkeiten erkennst, dann frage dich, was du schlecht loslassen kannst? An welchen Erfahrungen hältst du fest? Von welchen Gefühlen und alten Erfahrungen, die dir nicht dienen, wirst du heute noch bestimmt? Erlebst du heute noch die Demütigungen und Kränkungen deiner Kindheit? Ist dein ganzes Leben noch von einem Mißbrauch bestimmt, den du vor langer Zeit erlebt hast? Ist dein Leben bestimmt durch irgendwelche negative Erfahrungen, die du noch nicht verarbeitet hast? Ist dein Leben bestimmt von deiner Entscheidung, nicht glücklich sein zu dürfen, von deiner Entscheidung, nicht reich sein zu dürfen, von deiner Entscheidung, daß du nicht schön, nicht erfolgreich und nicht stark genug bist?

Schau dir deine Glaubenssätze über dich selbst an. Von welchen Gedanken und Sätzen bist du abhängig? Welche bestimmen dein Leben und verhindern, daß du dich voll und in deiner ganzen Größe und Stärke entfalten kannst? Auch das sind Energielinien, in dir selbst aufgebaute Energien, die dich abhängig halten und dich hindern, dich frei zu entfalten. Beginne zu begreifen, daß du all das Glück dieser Welt verdient hast. Beginne zu begreifen, daß um ein Tausendfaches mehr an Kraft, Potential und Energie in dir liegt, als du es im Moment lebst.

Eure Möglichkeiten sind unendlich groß, wenn ihr euch von euren Fesseln und Beschränkungen Schritt für Schritt befreit, wenn ihr den Mut habt, das zu leben und die oder der zu sein, der ihr wirklich seid. Die Welt wird um so vieles reicher sein, wenn ihr euch entfaltet. Seid mutig. Das, was ihr gewinnen könnt, ist Freiheit, Glück und Unendlichkeit, auch wenn es euch immer wieder Überwindung und Schmerz kostet.

Der Weg geht in die richtige Richtung. Der Weg geht dahin, dein göttliches Selbst und deine göttliche Kraft zu leben, und genau deine Form und die Energie, die du bist, sind gefragt. Nun steh auf und erhebe dich im Bewußtsein deiner vollkommenen Kraft. Erobere dir die Welt in Demut und Dankbarkeit. Begegne als freier Mensch anderen freien Menschen. Durchtrenne deine Abhängigkeiten und werde der und die, der oder die du bist.

*****

Gebt euch zu erkennen, Lichtarbeiter!

Andon Andonella

Ihr erleuchtet und erstrahlt im Angesicht des All-Einen. Erhebt euch, gebt euch zu erkennen und bildet Kreise und Zirkel des Lichts. Es ist wichtig, daß ihr euch zu erkennen gebt so, wie ihr seid, als die, die ihr seid. Es ist wichtig, daß ihr eure Liebe, euer Wissen, eure Größe und eure Reife nicht länger zurückhalten und verbergen müßt. Viele von euch machten schmerzliche Erfahrungen auf der Erde, weil sie fühlten, daß sie anders sind als andere; weil sie fühlten, daß sie Energien, Gefühle und Wahrnehmungen in sich tragen, die zum größten Teil anders waren als die der anderen. Viele von euch machten die Erfahrung, sich ausgestoßen und sich nicht dazugehörig zu fühlen, weil ihr erahntet und fühltet, daß ihr euch an etwas erinnert und in euch etwas lebt, das nicht die Basis und nicht die Grundlage des momentan herrschenden Lebens auf eurer Erde ist.

Und dieses "Anderssein" und "Sich-nicht-dazugehörig-fühlen" hat euch Schmerzen zugefügt, so daß viele von euch sich gezwungen sahen, sich nicht mehr zu erkennen zu geben und sich anzupassen an die Schwingung der Menschheit und der Schwingung vieler anderer Menschen.

Die Zeit, euch selbst mit eurer Weisheit, eurem Wissen, eurer Größe und eurer Liebe zu verstecken, ist vorbei. Erhebet euch, ihr Brüder und Schwestern, um eure Energie in die Welt zu tragen. Es ist wichtig, dieses Anpassen um jeden Preis, um geliebt zu werden, euch anzupassen, um dazuzugehören, allmählich gehen zu lassen. Es gibt so viele andere Menschen, denen es ähnlich geht wie dir. Es gibt so viele andere, die eure Erfahrungen, auf ihre Art und Weise, mit euch teilen. Ihr konntet euch lange Zeit nicht erkennen, weil ihr damit beschäftigt ward, euch selbst und eure Anteile von Andersartigkeit zu verstecken und zu verleugnen. Doch wenn ihr loslaßt und euch offenen Herzens umschaut, werdet ihr immer mehr erkennen, daß ihr mit euren Erfahrungen nicht allein seid, daß es Menschen gibt, die ähnliche Energien in sich tragen, wie ihr auch. Die Erde und die Menschheit bedarf dieser Menschen wie ihr es seid, damit Wandlung, damit Fortentwicklung stattfinden kann. Sie braucht Menschen, die ein Gefühl und eine Energie einer "neuen Welt" in sich tragen. Ihr seid Menschen, die auf dem Weg mit anderen Hand in Hand gehen und auch "Unwissendere" mit an die Hand nehmen können. Doch niemals sollte es so sein, daß ihr euch als etwas "Besseres" anseht und eure Aufgabe darin seht, andere Menschen zu bekehren. Zapft die Weisheit, die Toleranz, die Güte und die Liebe in euch an, die jeden Menschen in seiner Person, in seinem Entwicklungsstand so sein lassen kann wie er ist. Das ist der Weg der Weisheit und der Liebe. Versucht nicht, Veränderung durch Gewalt in Form von Intoleranz und Arroganz zu bewirken. Wenn ihr euch mit der Liebe und Güte eures Herzens verbindet, mit der bedingungslosen Liebe, die jeden Menschen so achtet, wie er ist, die auch den Entwicklungsstand jedes Menschens so respektiert, so wie er gerade ist, dann werdet ihr Unendliches bewegen können.

Meine Absicht ist nicht, euch aufzurufen, die ganze Welt zu verändern, indem ihr bewußt versucht, auf andere Menschen einzuwirken. Meine Idee der Weiterentwicklung der Erde und eurer Welt beginnt da, wo ich euch auffordere, an euch zu arbeiten, zu euch zu stehen und eure Wahrheit nicht weiter zu verstecken. Ich möchte euch aufrufen, den Mut zu haben, zu eurer Wahrheit zu stehen, eure von euch mitgebrachten Fähigkeiten und Erfahrungen zu leben, um sie euch und der Welt zugute kommen zu lassen. Ihr bringt Erfahrungen von anderen Planeten, von anderen Daseinsformen mit, die sich aus der Welt der Dualität erhoben haben. Einige von euch haben sich lange Zeit in

Bereichen befunden, in denen auch wir existieren, und so wie wir euch bei eurer Weiterentwicklung helfen und unterstützen können, so tragt ihr genau dieses Wissen, diese Erfahrungen, die wir euch übermitteln und in denen wir existieren, auch in euch. Wir können euch helfen, euch daran zu erinnern. Doch das Manifestieren und das Umsetzen dieser Energien und dieser Erfahrungen ist eure Aufgabe. Und jedes Beispiel, das jeder Erwachte von euch durch sein Leben, durch seine Existenz, durch seine Art zu sein gibt, ist eine Hilfe, die ihr damit auch anderen Menschen gebt. Doch versteht, es geht nicht um eure Absicht, ausschließlich anderen Menschen zu helfen. Es geht darum, euch selbst zu ermächtigen, euch selbst zu leben und eure wahre Größe, eure Weisheit und die Erfahrungen in dieses Leben einfließen zu lassen.

Die Schmerzen, die ihr erlitten habt, indem ihr euch verleugnet habt, euch verleugnen "mußtet", waren groß, und dennoch waren sie notwendig, um die ganze Palette der Erfahrungen des Menschseins auf Erden zu erleben, um irgendwann, nämlich jetzt, euer altes Wissen, eure Erfahrungen, euer eigenes Selbst in die Erfahrungen des konkreten Menschseins fließen zu lassen.

Ihr habt gelernt, in die menschliche verdichtete Form zu gehen und euch trotz eurer Schmerzen dort zurechtzufinden, und das war wichtig und notwendig. Denn die Energie der Liebe und die Energie der Freiheit sollen und werden in die verdichtetsten Bereiche eures Menschseins und eurer Erde fließen. Es reicht nicht, wenn sie nur im ätherischen Bereichen existieren. Es ist wichtig, daß diese Energie und diese feinen Schwingungen bis in die Manifestation gehen. Und viele von euch haben sich genau zu dieser Aufgabe bereit erklärt. Sie haben sich bereit erklärt, die Liebe Gottes und des allmächtigen Vaters und ihre Erfahrungen aus anderen Dimensionen der Freiheit und der Liebe auf die Erde fließen zu lassen. Doch dazu ist es unendlich notwendig, daß es Wesen gab und gibt, die diese Energie im Körper als Mensch auf die Erde tragen und in die Welt der Menschen. Uns, in einer nicht-körperlichen Existenz, in einer Existenz reiner Energie und bedingungsloser Liebe, sind Grenzen bei der Hilfe der Weiterentwicklung der Erde gesetzt, und wo unsere Grenzen sind, beginnt eure Aufgabe. Es ist ein Netzwerk. Es ist eine Zusammenarbeit auf vielen, vielen Ebenen. Wir geben Energien, Botschaften und die Hilfe der Erinnerung an euer wahres Selbst an euch weiter, damit ihr all dies in eurem konkreten Leben umsetzen könnt, wenn ihr euch dazu entscheidet. Von euch aus fließt diese Energie weiter zur Erde und zu anderen Menschen, so daß ein unendlicher Kreislauf bedingungsloser Liebe entstehen kann, der die Erde aus ihrer Dualität erheben und die Menschen aus ihren karmischen Verstrickungen befreien kann.

Ihr seid unermeßlich wichtig, euer Engagement und eure Liebe sind gefragt und ein Lieben und Annehmen eures Seins auf der Erde. Wertet nicht eure schmerzhaften Erfahrungen und die Begrenzungen menschlicher Existenz als "niedrig" ab. Begegnet diesen Erfahrungen mit Weisheit und mit einem offenen Herzen und seht die Schönheit und Vollkommenheit eben dieser menschlichen Erfahrungen. Es ist die große Gefahr gegeben, wenn ihr begreift, was eure Aufgabe ist, sie aber nicht in ihrer Vollkommenheit versteht, daß ihr (auch wenn ihr es von euch selbst nicht erwartet und auch von euch selbst nicht glaubt) in Aspekte von Arroganz, von Besserwisserei und von Auserkorensein und Über-allem-Stehen verfallt.

Sage jetzt nicht, ich nicht, bei mir ist diese Gefahr nicht gegeben. Wisse, auch du hast ein Ego, und auch dein Ego möchte etwas Besonderes sein und sich von anderen erheben, um besser zu sein als andere. Und das ist überhaupt nicht schlimm. Erkenne es und laufe nicht in diese Falle und verstehe nicht deine Aufgabe darin, dein Ego zu füttern. In dem einen oder anderen Moment wirst du vielleicht aus diesem Gefühl heraus handeln, registriere es und lerne daraus. Aber sei gütig mit dir und erlaube dir, daß du in diesem Moment aus einem "negativen" Aspekt deines Egos heraus gehandelt hast. Sei wachsam. Du wirst Fehler machen, und aus deinen Fehlern, die letztendlich keine sind, kannst du lernen. Doch halte dich nicht zurück und verstecke dich nicht aus Angst vor Fehlern der Arroganz und des Hochmutes und der Angst vor deiner eigenen Größe. Es ist wichtiger, auszuprobieren, dich erkennen zu geben und deinen Weg zu gehen, als dich zurückzuhalten und keine "Fehler" zu machen. Vielleicht ist das dann dein größter "Fehler".

Egal wie und wofür du dich entscheidest, sei gütig mit dir. Und vergiß nicht, daß du eines Tages geschworen hast, dich selbst weiterzuentwickeln und anderen Menschen und der Erde bei ihrer Weiterentwicklung zu helfen. Erinnere dich an das Licht, das du in dir trägst, und zögere nicht, für dieses Licht einzutreten und dein Licht in voller Größe zu leben. Stell dich hin und zeige dich, zeige dich mit deiner Andersartigkeit und habe den Mut, dich zu leben. Habe den Mut, dich aus den Fesseln deiner Anpassung und deines dich Dazugehörig-fühlen-wollens-um-jeden-Preis zu befreien. Erkenne, du gehörst dazu. Du bist nicht allein.

Es gibt viele, die zu dieser Zeit inkarniert sind mit einer ähnlichen Absicht wie du. Du kannst dich zu erkennen geben und frei sein. Du kannst erkennen, daß du von einigen Menschen umgeben bist, die einen Teil deines "Schicksals", einen Teil deiner Erfahrungen und einen Teil deines Schwurs und einen Teil deiner Absprachen auch in sich tragen. So gebt und reicht euch die Hände und erkennt, daß ihr nicht alleine seid, daß ihr eingebettet seid in einem Kreis anderer "lichtarbeitenden und schattenarbeitenden" Menschen mit dem Ziel, die Liebe in sich selbst zu finden, die bedingungslose Liebe, und sie auf Erden zu verankern. Viele von euch haben dies schon länger begriffen und ihr seid schon auf dem Weg. Doch auf dem Weg des Lichts und des spirituellen Wachstums gibt es große Fallen. Auch die Spiritualität und das Wissen um eure Aufgabe kann eine Falle der Vermeidung werden. Es kann die Falle sein, euch zu sehr von der Erde zu lösen und euch nicht im Konkreten, im Alltäglichen, im Menschlichen auseinandersetzen zu wollen und auch den Schmerz menschlichen Daseins zu fühlen. Und so geht ihr innerlich manchmal aus Beziehungen oder Lebensumständen und flüchtet, um euch nicht auseinandersetzen und konfrontieren und im irdischen Leben wiederfinden zu müssen. So, wie der Titel dieses Buches lautet, möchte ich euch an dieser Stelle auffordern: Lebt den Himmel auf Erden. Bringt die Energie und die Erinnerung an andere Existenzen, an eine andere Form des Lebens, an eine Existenz in bedingungsloser Liebe auf die Erde. Genau darum geht es - diese Energien und Erfahrungen zu verankern und das Leben auf eurer Erde zu lieben und die Menschheit und die Erde mit den Erfahrungen, die ihr "im Himmel" gesammelt habt, zu bereichern und eine Verbindung zwischen Himmel und Erde zu schaffen.

Die Verbindung zwischen Himmel und Erde besteht schon immer. Sie war nie wirklich unterbrochen. Die Unterbrechung und die Abtrennung fanden hauptsächlich im Bewußtsein der Menschen statt. Also, ihr Brüder und Schwestern, verbindet den Himmel und die Erde in eurem Herzen. Freut euch eures Lebens und eurer Existenz auf der Erde mit all ihrer unendlichen Schönheit, eurem Wissen, eurer Erinnerung und eurer Erfahrung, um unendliche Geborgenheit, unendliche Liebe und unendliches Angenommensein zu leben.

Gebe dich zu erkennen, und du wirst dich befreien! Gebe dich zu erkennen, und deine Wunden menschlicher Erfahrungen werden heilen! Gebe dich zu erkennen, und du ermutigst damit, ohne es zu beabsichtigen, andere Menschen dazu, sich selbst auch zu erkennen zu geben.

Begreift, wie nichts voneinander getrennt ist und wie wir alle in diesen wichtigen Zeiten zusammenarbeiten, wir, in einer Welt bedingungsloser Liebe und reiner Energie, und ihr in einem menschlichen Körper. Von Wesen zu Wesen, von Existenz zu Existenz - es ist nichts voneinander getrennt. Es ist ein Netzwerk, und alles ist miteinander verwoben. Und um euch an euch selbst und euer wahres Sein zu erinnern, könnt ihr immer wieder einmal in eine Meditation oder in ein Gebet gehen, könnt ihr euch mit anderen Wesenheiten verbinden, könnt ihr euch auf eure eigene Art und Weise einen Weg suchen, zu dem Kern in euch Kontakt aufzunehmen, um aus dieser Stille und aus dieser Kraft zu handeln und um euch zu erinnern an euch und euer wahres Sein.

Solche Momente sind sehr wichtig, damit ihr Führung erhaltet, und damit ihr euch eurer Aufgabe bewußt seid und euch bewußter werdet, und gleichzeitig findet ihr viele Antworten auf eure Fragen im ganz konkreten Alltag und im ganz konkreten Handeln. Neue Strukturen, die in der Energie der Liebe und im Bewußtsein des Reichtums und der Fülle und des Genährtseins durch die göttliche Kraft wachsen, sind in dieser Zeit von unglaublicher Wichtigkeit. So entscheidet euch in jedem Moment eures Alltags: Wo investiere ich mit meinem Geld, mit meiner Aufmerksamkeit, mit meiner Kraft und meiner Liebe in Bereiche und in Menschen, die dieser neuen Vision und dem Weg der Liebe folgen, und wo unterstütze ich mit meinem Geld, meiner Aufmerksamkeit und meinem Handeln alte verstrickte und dem menschlichen Wohl und der Liebe nicht dienende Strukturen? Es ist deine Entscheidung, welche Firmen du unterstützt, welche Geschäfte und welche Meinungen. Und je mehr du dich traust, zu dir selbst und der Liebe in dir zu stehen, umso mehr wird sie dich in deinen Entscheidungen und in deinem Tun im alltäglichen Leben begleiten und unterstützen.

Und wenn dies viele Menschen tun, dann werden Strukturen durch euer Geld und eure Aufmersamkeit geschaffen, die immer mehr von Liebe getragen sind und euch Menschen Wohl und Glück bringen können. Ihr Menschen erschafft ein Netzwerk, ihr Menschen seid dabei, ein Netzwerk an Lichtarbeitern zu schaffen. Lichtarbeiter, die nicht nur nach dem Licht streben, sondern den Schatten nicht vergessen. Lichtarbeiter, die ihre Liebe in alle, seien es noch so "abwegige" Bereiche des Lebens bringen, ohne Urteil, ohne "Besser und Schlechter", nur im Gewahrsein der göttlichen Energie, der göttlichen Liebe und der göttlichen Kraft.

Steht auf und handelt. Die Grundsteine habt ihr schon gelegt. Viele Strukturen beginnen sich zu verändern und werden umgewälzt. Ihr habt schon unglaublich viel geleistet. Ihr könnt sehr stolz und sehr zufrieden mit euch sein. Und dennoch liegt noch sehr viel vor euch auf eurem persönlichen und auf eurem kollektiven Weg. Es ist eine Zeit schneller Entwicklung.

Es ist eine Zeit, wo es nicht mehr, wie noch vor einigen Jahrzehnten, möglich ist, zu warten und Entwicklungsschritte sehr langsam zu gehen, sie zu vermeiden und sie nicht wirklich auf den Punkt zu bringen. Die Energie dieser Zeit ist euch Hilfe, sehr genau eure karmischen Verstrickungen zu sehen und euch schnell und sehr kraftvoll von ihnen zu befreien und das zu leben und der zu sein, der ihr seid. Diese Energie ist sehr kraftvoll und kann euch, wenn ihr euch weiterentwickeln wollt und mutig seid, enorme Hilfe sein. Doch wenn ihr euch sträubt und zu lange wartet, ist es auch eine Energie, die sehr hart empfunden werden kann.

So beginne, oder sei weiterhin so mutig und so entschlossen wie bisher und nimm dir die Energie dieser Zeit zur Hilfe, die Energie dieser Zeit, die so kraftvoll ist, um Wandlung und Befreiung geschehen zu lassen. Sie bummelt nicht herum, sie ist sehr direkt und kommt genau auf den Punkt, unglaublich kraftvoll, unglaublich befreiend, wenn du dich in ihren Strom freiwillig, offenen Herzens und in dem Bewußtsein deiner eigenen Verantwortung begibst.

Deswegen, ihr Entschlossenen, lebt dieses Netzwerk und lebt die Liebe eures Herzens!

Und so befreie dich von all dem, was du in dir aufgebaut und erschaffen hast, um dich nicht erkennen zu geben und nicht verletzt zu werden und um so zu sein, wie andere zu sein scheinen. Je mehr du deine Masken und Schutzmechanismen erkennst und dich von ihnen befreist, desto mehr kannst du der/die sein, der/die du bist. So kannst du dich zu erkennen geben, Schritt für Schritt, mit all dem Licht, mit all der Liebe, mit all der Weisheit und all den Erfahrungen, die in dir leben.

Gib dich zu erkennen, du Lichtarbeiter,
gib dich zu erkennen, damit ihr ein Netzwerk bildet.
Gib dich zu erkennen, damit du frei bist,
gib dich zu erkennen, um auch die Erde
von einer schweren Last zu befreien.
Gib dich zu erkennen,
damit die bedingungslose Liebe auf Erden gelebt
und manifestiert werden kann.

Es lebe die Liebe auf Erden,
gelebt in einem menschlichen Körper!

Eure Lernerfahrungen auf dem Planeten Erde

Andon Andonella

Seid gegrüßt im Namen des All-Einen.

Ihr wurdet nicht einfach nur auf die Erde geschickt. Ihr habt euch entschieden, auf der Erde zu inkarnieren, um zu lernen, um euer Bewußtsein zu erweitern und euch selbst ein großes Stück näherzukommen. Es geht um nichts Geringeres als um das Bewußtsein, das Göttliche bewußt wahrzunehmen und das Göttliche in vollem Gewahrsein zu erkennen.

Euer absoluter Ursprung ist eine Existenz im göttlichen Sein, wo ihr keinen Körper besitzt und einfach nur das Göttliche lebt. Lange Zeit ward ihr euch dessen nicht bewußt, denn ihr ward und lebtet das Göttliche. Und bei der Entwicklung der Erde und anderer Planeten geht es darum, wieder zu diesem Göttlichen, wieder zum Ursprung zurückzukehren, jedoch in voller Bewußtheit und in dem Erkennen dessen, was das Göttliche ist, was das Göttliche beinhaltet in jedem einzelnen und in dem ganzen Universum.

So sieh dein Leben auf der Erde als eine Reise, als einen Weg, zu deinem göttlichen Ursprung zurückzukehren und wisse, es wird den meisten von euch noch nicht möglich sein, konstant in diesem göttlichen Zustand auf Erden zu leben. Sei dir dessen bewußt.

Sei dir auch dessen bewußt, wenn du die Sehnsucht fühlst nach dieser unendlichen Göttlichkeit und nach dieser unendlichen Freiheit. Wenn du dein Leben und deine Erfahrungen an diesen Erinnerungen mißt, wirst du niemals glücklich sein. Denn dieser Dauerzustand, dieses ständige Gewahrsein der göttlichen Energie ist nur wenigen auf Erden möglich. Es ist auch nicht unbedingt die Erfahrung, die du gewählt hast, als du auf der Erde inkarniert bist.

Deine Absicht, auf der Erde zu inkarnieren, war, auf der Erde zu lernen und das Göttliche in dir Schritt für Schritt wieder zu erkennen und in Bewußtheit zu leben. So erkenne, viele Erfahrungen, die du im Menschsein als unangenehm empfindest, sind genau die Erfahrungen, die dich lehren und dir helfen, bestimmte Fähigkeiten zu entwickeln und bestimmte Einblicke zu erhalten, die dir ohne sie nicht möglich wären. Denn letztendlich sind diese Erfahrungen nicht negativ, denn letztendlich sind sie dir eine große Hilfe auf deinem Weg. Doch wenn du mit der Sehnsucht nach uneingeschränkter Göttlichkeit und uneingeschränkter Liebe lebst, kann es ein guter Antrieb sein, genau diese Erfahrungen in dir wiederfinden zu wollen. Doch gleichzeitig besteht die Gefahr darin, daß du so sehr nach dem Zustand der Einheit und des Einsseins strebst, daß du deine Erfahrungen auf der Erde als niedrig bewertest und im Vergleich zu dem, was du kennst in der Erfahrung des Einsseins und der bedingungslosen Liebe, alles andere niedrig, schmerzhaft und nicht erstrebenswert wirkt. Doch begreife, es war deine Wahl, und wäre es für dich besser, im hauptsächlichen Aspekt deiner Selbst im Bewußtsein des Einssein unendlicher Liebe und Göttlichkeit zu leben, dann würdest du es tun. Doch du hast dich entschieden, auf die Erde zu kommen, um zu lernen, und es gibt keinen besseren Ort und keinen besseren Platz für dich als der, an dem du dich befindest.

Die Erfahrungen in einem menschlichen Körper sind unendlich wertvoll. Ihr könnt in relativ kurzer Zeit sehr intensive Erfahrungen machen. Ihr könnt große Schritte in der Fortentwicklung eures Bewußtseins gehen. Die Fortschritte, die ihr als klein erachtet und die durch die Dichte der Erde und eurer Dualität oft auch nicht schneller zu vollbringen sind, sind sehr, sehr groß und haben große Auswirkungen auf die feinstofflichen Felder eurer Selbst und die Entwicklung eurer Seele, auch wenn sie euch niedrig und minimal erscheinen.

Du leistest Großartiges. Es ist überhaupt keine Frage, daß die Erfahrungen eines Menschen, einer Seele in einem menschlichen Körper in der Dualität oft auch schwierig und schmerzhaft sein können. Doch hätte deine Seele nicht die Größe und deine Persönlichkeit nicht die Kraft, dies zu ertragen, hättest du dir diesen Weg nicht gewählt. So erkenne, du bist groß und reif genug, um die Lasten, die es in deinem Leben und in der Erfahrung des Menschseins gibt, zu tragen und dich in vielen Fällen von ihnen zu befreien. Das Leben in einem menschlichen Körper beinhaltet auch unendlich viele schöne Erfahrungen, wenn du beginnst, sie zu erkennen, wenn du beginnst, zu genießen und mit beiden Beinen auf der Erde anzukommen.

Und noch einmal: Je mehr du versuchst, von der Erde wegzustreben, desto schmerzhafter werden deine Erfahrungen sein. Und je mehr du versuchst, von der Erde wegzustreben und dich aufzulösen, weil dir alles zu mühsam und zu anstrengend erscheint, desto weniger wirst du die von dir selbst und deinen geistigen Führern gestellten Aufgaben auf Erden erfüllen können. Die Lernschritte, die du dir gesetzt hast in deiner Inkarnation als Mensch auf Erden, sind sehr bedeutend für dich und die Weiterentwicklung deiner Seele. Sie sind nicht minderwertig, auch wenn der Schmerz in manchen Situationen noch so groß sein mag. Und wenn du dein Leben auf der Erde mit all seinen Höhen und Tiefen annimmst, dann wirst du dich trotz mancher Mühe, trotz mancher Überwindungen über deine Fortschritte freuen können. Du wirst fühlen, wie du auf dem Weg bist, dich mehr und mehr zu befreien. Wie du genau dadurch, daß du die Lernerfahrungen auf der Erde annimmst, dem Himmel und dem göttlichen Einssein Schritt für Schritt näherkommst.

Immer wieder: Lebe den Himmel auf Erden. Vereinige den Himmel und die Erde in deinem Herzen. So wirst du dich selbst und dein Dasein, deine Entwicklung und deine Lernerfahrungen auf der Erde mehr und mehr lieben können. Es ist kein Kampf mehr notwendig, denn du nimmst das an, was du vor dieser Inkarnation gewählt hast. Du trittst in Verbindung mit der Entscheidung und dem Bewußtsein deiner Seele vor dieser Inkarnation. Wenn du die Entscheidung deiner Seele und deines Höheren Selbst annimmst, auf Erden zu inkarnieren, um zu lernen, dann verbindest du dich automatisch immer wieder mit dem Bewußtsein deines Höheren Selbst und deiner Seele. Du kämpfst nicht gegen deine eigene weise "höhere" Entscheidung an, sondern ihr arbeitet Hand in Hand, dein menschliches und dein universelles Bewußtsein. Und viele Hürden und viele Lernaufgaben, die dir früher Schmerzen bereitet haben, werden es fortan nicht mehr tun, weil du in Übereinstimmung mit dir bist und weil du in Frieden deine Aufgaben und die nächsten Schritte angehst. Das Hadern mit deinem Schicksal, mit dem, was dir zu passieren scheint, hört auf. Und so wird der Schmerz, den dich manche Lernaufgaben gekostet haben, sich auflösen und du wirst ein freudiger und eifriger Schüler sein. Du wirst dankbar sein für die Aufgaben und die Herausforderungen, die an dich herangetragen werden, und du wirst stolz sein auf die Entwicklungen, die du tagtäglich machst. Und du bist froh und glücklich mit deiner Existenz auf der Erde, Frieden geschlossen zu haben. Viele Kämpfe hören auf.

Eifrige Schüler, begeisterte Schüler und mutige Schüler entwickeln sich mehr und mehr in dieser Zeit. Nicht mehr Kämpfen gegen irgendetwas, sondern ein Sichbegeistern, Sicheinsetzen für etwas ist gefragt. Du willst dich dann begeistern und einsetzen für nichts Geringeres als für deine Weiterentwicklung, für deine Rückehr zum Göttlichen in dir selbst und zur göttlichen Quelle als Ganzes. Schließe Frieden mit den Lernaufgaben deines Lebens und wisse, es gibt kaum einen Menschen, kaum eine Seele, die in einem menschlichen Körper inkarniert ist, die nicht zu lernen hat auf die eine oder andere Weise. Und wenn du siehst, daß es so viele Aufgaben in deinem Leben gibt, und manchmal scheinen sie besonders schwer zu sein, so sieh, wie groß du dir die Aufgaben gestellt hast, wieviel du in diesem Leben erreichen kannst und wie sehr dein Höheres Selbst und deine geistigen Führer Vertrauen in deine Kräfte haben, deine Aufgaben zu bewältigen. Es ist ein Kompliment, es ist ein großes Vertrauen in dich, deine Kraft und deine Fähigkeit, zu lernen und alte Bande aufzulösen.

Kannst du dir vorstellen, daß, wenn es ein Problem oder eine Schwierigkeit gibt, es einen großen Unterschied macht, ob du sie als Belastung ansiehst, als wirkliches Problem, als etwas, das sich dir in den Weg stellt, um dich zu behindern, oder ob du sehen kannst, daß da eine neue Aufgabe ist, die auf dich wartet - eine Herausforderung, diese zu bewältigen und einen neuen kleinen oder auch großen Schritt zu tun? Und selbst wenn es ein Problem ist, das sich immer wiederholt, dann kommt es auch, um dich zu lehren und dich in deiner Weiterentwicklung zu unterstützen.

Ihr wißt ja, Probleme, die immer wieder auftauchen, Probleme, die sich euch immer wieder störend in den Weg stellen, sind da, um euch immer wieder mit einem bestimmten Thema zu konfrontieren, um euch an das zu erinnern, was ihr zu lernen habt.

Probleme sind nicht deine Feinde, sie wollen nicht mit dir kämpfen. Diese Probleme, vor allen Dingen, wenn sie sich häufen und sich immer wieder ähneln, sind sanfte Schupser am Anfang, kleine Hinweise am Anfang, die kräftiger, gewaltiger, schwieriger und komplizierter werden, je länger du sie mißachtest. Und irgendwann, wenn du zu lange wartest, werden diese Lernerfahrungen schmerzhafter und schmerzhafter. Bis du dann eines Tages das Gefühl hast, daß dieses Problem immer schlimmer und schlimmer wird, bis du es nicht mehr aushältst und durch den Druck dieses unaushaltbaren Schmerzes dann gezwungen wirst, dieses Problem zu lösen, es loszulassen und nach neuen Wegen zu suchen. Manchmal geht es nicht anders, weil du es nicht anders willst.

Du kannst dich entscheiden, deine Lernaufgaben freudig anzunehmen, denn du kommst nicht daran vorbei, zu lernen und dich den Herausforderungen deines Lebens zu stellen. Es ist die Absicht, mit der deine Seele auf Erden inkarniert ist. All deine geistigen Helfer und dein Höheres Selbst werden dich immer wieder dazu geleiten, deine Aufgabe zu erfüllen, denn du hast dich dazu entschieden. Nichts führt daran vorbei, zu lernen und deine Aufgaben zu annehmen. Natürlich hast du den freien Willen zu entscheiden, nicht lernen zu wollen, dich zu sträuben. Doch dadurch erzeugst du Schmerz. Du stehst im Kampf und in Konfrontation mit der Entscheidung deiner Seele und deines Höheren Selbst, auf Erden zu inkarnieren, um bestimmte Erfahrungen zu machen und zu lernen. Und wenn du dich dagegenstellst, hört der Kampf niemals auf. Du fühlst unglaublichen, unaushaltbaren Schmerz, denn du verleugnest deine Seele und dein Höheres Selbst und deine göttliche Führung.

Glaube mir, es gibt einen Sinn in deinen Erfahrungen in deinem menschlichen Körper, und es wird dir nicht helfen, wenn du dich zu sehr mit geistigen Welten verbindest, um deinem Körper zu entfliehen. Es wird dir auch nicht helfen, wenn du so sehr in den Körper gehst, in die Verfestigung und die Dualität, daß du alles an göttlichem Bewußtsein und göttlichem Sinn verleugnest. Also, begegne deinen Lernaufgaben mit mehr Freude, mit Neugierde für das, was das Leben an neuen Erfahrungen für dich bereit hält, welche Herausforderungen es dir zutraut, welche Kräfte und welche Fähigkeiten, um deinen Problemen zur Lösung zu verhelfen.

Und so sehe dein Leben einmal als eine Schule, als eine Schule des Lebens, als eine Schule auf Erden. Du lernst etwas, und dann kommen wieder größere neue Herausforderungen auf dich zu. Und du schreitest weiter und weiter voran und dein Bewußtsein und dein Wissen um dich selbst wachsen und wachsen.

Und so gibt es natürlich Menschen, die auf ganz unterschiedlichen Entwicklungstufen stehen, und es wird nicht von jedem Menschen dasselbe verlangt. Es gilt nicht für alle Menschen, dieselben Erfahrungen zu machen. Die Erfahrungen und das, was ihr zu lernen habt, ist eurer persönlichen Entwicklung und eurem Bewußtsein angepaßt und angemessen. Und ähnlich wie in einer Schule gibt es Menschen, die von ihrem Bewußtsein her die erste Klasse besuchen, und andere Seelen und Menschen, deren Bewußtsein es zur Meisterschaft bringen will und die am Ende einer langen Kette von Lernerfahrungen stehen. Und zwischen dem Lernen in der ersten Klasse und dem Lernen bis zur Meisterschaft gibt es unendlich viele Abstufungen und Schattierungen. Der Mensch, der seine Erfahrungen und sein Leben im Bewußtsein der ersten Klasse lebt, ist nicht weniger wert als der Mensch, der es mit seinem Bewußtsein bis zur Meisterschaft bringen möchte und bringen kann. Dieser Mensch, wenn es um die Entwicklung der Meisterschaft seines Bewußtseins auf der Erde geht, ist einfach weiter vorangeschritten, und das kann ganz viele Ursachen haben. Es kann sein, daß dieser Mensch, diese Seele, schon einen langen Inkarnationszyklus hinter sich hat, den vielleicht die Seele in der ersten Klasse noch nicht hat. Ihr könnt den Menschen in der ersten Klasse mit dem Menschen, bei dem es um die Meisterschaft geht, nicht vergleichen.

Ihr habt alle ganz unterschiedliche Voraussetzungen, die ihr mitbringt, wenn ihr auf der Erde inkarniert. So kann das Lernen, das Voranschreiten und die Bemühungen eines Menschen in der ersten Klasse intensiver sein als die des Menschen, der sich um die Meisterschaft bemüht. Seid ganz vorsichtig mit Wertung und Urteil. Ihr wißt nicht, welche Aufgabe sich diese Seele gestellt hat, die vor euch steht. Ihr wißt nicht, welche vielleicht unglaublichen Lernschritte dieser Mensch und diese Seele schon bewältigt haben. Euer Horizont, das zu beurteilen, ist wirklich zu klein. Begegnet jedem Menschen und jeder Seele in Liebe und Demut für seine bzw. ihre wahre Größe, die ihr vielleicht in dem Moment nicht erkennen könnt. So werdet still und schaut auf euch und eure Lernerfahrungen und die Erfüllung eurer Aufgaben.

Die meisten von euch, die dieses Buch lesen, sind in ihrer Entwicklung schon weit vorangeschritten. Doch das heißt nicht, daß es nichts zu tun gilt und nicht auch für euch noch große Aufgaben anstehen und viele Schwierigkeiten und Herausforderungen zu bewältigen sind. Ihr seid in eurem Bewußtsein in manchen Dingen vielleicht weiter vorangeschritten als andere, doch seid vorsichtig mit Überheblichkeit und ruht euch nicht auf euren Lorbeeren aus.

Erkenne, du hast zu lernen, wie jeder andere Mensch auch. Und noch einmal: Urteile nicht über Menschen, die in der Entwicklung hinter dir zu sein scheinen, und verurteile auch dich nicht, wenn du Menschen begegnest, die in ihrer Entwicklung weiter als du zu sein scheinen. Vergesse nie, du weißt nicht, was dieser Mensch und diese Seele leisten. Du weißt nicht, welche Entscheidung diese Seele getroffen hat. Und es ist letztendlich auch nicht dein Job. Deine Aufgabe ist, deine Entscheidung auf Erden zu lernen, anzunehmen und deine "Hausaufgaben" zu machen. Deine Aufgabe ist es, dich lieben zu lernen und deine Existenz auf der Erde und das Göttliche in allem, was ist, zu sehen. Dein Job ist es, deine Schatten anzunehmen und aus deinen Erfahrungen zu lernen. Dein Job ist es, dich zu vervollkommnen und zu deinem göttlichen Ursprung zurückzukehren, und dazu ist es nicht notwendig, über die Entwicklung und das Sein anderer Menschen zu urteilen. Kümmere dich um dich selbst. Damit hast du genug zu tun. Denn das Lernen auf Erden ist bei Gott nicht einfach und kann eine der im Universum schwierigsten Erfahrungen sein, wenn du sie dazu machst. So begegne deinem Leben und deiner Existenz auf Erden mit Freude, mit Neugierde und voller Spannung, was das Leben jeden Tag auf's neue für dich bereit hält.

Stelle eine Verbindung her zu deinem Höheren Selbst und zu deiner Seele, die die Entscheidung getroffen hat, auf Erden zu leben zu dieser Zeit. Arbeite Hand in Hand mit anderen, so könnt ihr sehr effektiv sein und das Leben auf Erden in vollen Zügen genießen. Wenn du deine Lernerfahrungen annimmst, dann kann dein Leben leicht und licht sein, und dann hast du Zeit und Muße, dich zu freuen, und es bedeutet ganz wenig Anstrengung, denn du gibst dich dem Fluß und den Aufgaben des Lebens hin. Freue dich deines Lebens und deiner Erfahrungen auf der Erde und sei dankbar, daß du diese Erfahrung machen darfst. Du bist nun einmal auf Erden inkarniert, also mache das Beste daraus! Du kannst hadern oder dich freuen. Und du kannst manchmal hadern und dich dann wieder freuen.

Ihr könnt euch gar nicht vorstellen, wieviele Seelen auf die Erde drängen, um die Erfahrung in einem menschlichen Körper für ihre Weiterentwicklung zu machen. Es sind unglaublich viele, die diesen Wunsch haben. Auf der Erde sind Lernerfahrungen möglich, die kaum woanders zu machen sind. Die Erde und die Inkarnation in einem menschlichen Körper ist ein relativ begehrter Platz. Das könnt ihr euch vielleicht gar nicht vorstellen. Lernaufgaben, die um Probleme und das Auflösen der Dualität kreisen, können auf manchen Planeten mit einer nicht-dualen Struktur nicht gemacht werden. Sie können dort nicht aufgelöst werden. Um manche Muster aufzulösen und um in bestimmte Aspekte Bewußtheit zu bringen, ist es notwendig, auf Erden zu inkarnieren. Es sind Erfahrungen und Auflösungen, die nicht überall möglich sind. Und so ist es für jeden einzelnen wichtig, eben genau diese Erfahrungen auf Erden zu machen, bestimmte Strukturen aufzulösen, zu erkennen und zum Teil auch zu befreien. Viele von euch haben lange Pausen nach Inkarnationen auf Erden hinter sich und auf anderen Planeten gelebt, um dort ganz andere Erfahrungen zu machen. Und auch vorherige Existenzen auf anderen Planeten hat eure Seele gewählt, um dort bestimmte Erfahrungen zu machen. Und die von euch, die lange Zeit in formlosen Existenzen in einer Schwingung bedingungsloser Liebe existiert haben, tun sich mit der verdichteten Struktur auf der Erde besonders schwer. Aber gerade für euch gilt: Es gibt kein Besser und kein Schlechter!

Die Erfahrungen als Mensch sind euch unglaubliche Hilfe auf dem Weg des Bewußtwerdens und auf dem Weg der Rückkehr zur göttlichen Quelle. Auch wenn es einigen von euch komisch erscheinen mag, seid wirklich dankbar, daß die Erde euch diese Erfahrungen ermöglicht.

Seid dankbar für die Erfahrungen,
die ihr machen dürft.
Seid dankbar, daß ihr euer Leben mit anderen Menschen teilen könnt.
Seid dankbar dafür, daß ihr so große Schritte machen könnt,
auch wenn sie euch nicht als solche erscheinen.
Seid dankbar, daß euch die Möglichkeit gegeben wurde,
in einem menschlichen Körper Erfahrungen zu sammeln.

Und nun krempelt die Ärmel hoch und freut euch, tretet in Verbindung mit dem Teil in euch, der weise und allumfassend ist und der sich entschieden hat, auf Erden zu inkarnieren, um euch behilflich zu sein, euch weiterzuentwickeln.

So, ihr Lernfreudigen, verbindet euch, nehmt euer Dasein

auf der Erde an und liebt euch und euer Leben auf der Erde. Laßt Liebe und Dankbarkeit zu eurer Erde fließen, die euch durch ihre Existenz in der Dualität so viele Lernerfahrungen ermöglicht. Ich lasse all meine Liebe und all meine Dankbarkeit und all meine Hochachtung zu eurer Mutter Erde fließen. Genauso wie zu euch Seelen, die in einem menschlichen Körper inkarniert sind und den Mut haben, dort auf Erden Erfahrungen zu sammeln.

*****

Ehrlichkeit und Wahrhaftigkeit

Seid gegrüßt. Hier spricht Andon Andromeda. Seid gegrüßt meine Brüder und Schwestern, seid gegrüßt ihr Wesen auf dem Weg der Heimkehr zu Gott, auf dem Weg der Heimkehr zu eurer wahren Essenz.

Ich möchte mit euch über Wahrheit und Wahrhaftigkeit sprechen. Ich möchte mit euch darüber sprechen, wie wichtig es in eurem Leben ist, ehrlich zu euch und anderen Menschen zu sein. Wie wichtig es ist, euch und euer Inneres offen und ehrlich zum Ausdruck zu bringen. Ich möchte euch mitteilen, wie wichtig es ist, eure eigene Wahrheit zu finden und auch zu der ursprünglichen und göttlichen Wahrheit zurückzukehren. Euch selbst gegenüber ehrlich zu sein bedeutet, euch und eure Gefühle wahrzunehmen, und es bedeutet auch, diese Gefühle zu ehren und sie zu zeigen. Ehrlich sich selbst gegenüber zu sein bedeutet, auch die tiefsten Tiefen seines Selbst zu ergründen; ehrlich zu sich selbst und wahrhaftig zu sein bedeutet auch, sich seine Schattenanteile anzusehen, bedeutet auch, seine selbst geschaffene Welt aus Masken und Lügen zu enttarnen.

Jeder von euch hat Bereiche, in denen er nicht ehrlich und wahrhaftig ist. Jeder von euch trägt Bereiche in sich, die er vor anderen verstecken möchte, und besonders auch vor sich selbst. Ihr betrachtet und bewertet manches als "Gut", und so wollt ihr auch auf der Seite des "Guten" stehen. Doch gibt es viele Gefühle und Gedanken, von denen ihr glaubt, daß sie nicht "gut" sind und die ihr in den hintersten Winkel eures Selbst verbannt.

Sei ehrlich zu dir und nehme wahr, wo du dir ein Gerüst von Lügen und von Masken aufgebaut hast. Schaue dir diesen Lebensbereich an. Betrachte diese Gefühle und diese Gedanken und sei ehrlich dir und anderen gegenüber. Wenn du dir und anderen Menschen gegenüber nicht ehrlich bist, dann bist du gefangen und hast Angst. Du hast Angst, weil irgendjemand dein Geheimnis und das, was du versteckst, erkennen und dich enttarnen und entlarven könnte und du dadurch sehr verletzbar bist. In den Bereichen, wo du nicht ehrlich und wahrhaftig bist, ist sehr viel Energie gebunden. Es ist sehr viel Energie gebunden, um die Wahrheit in dir zu unterdrücken und dir eine andere Realität aufzubauen und diese zu nähren.

Die Wahrheit in dir, wie immer sie aussehen mag, ist dein wahrer Weg. Die Wahrheit, die in dir lebt, in Liebe anzuerkennen und ihr zu folgen auf deinem Weg, ist unglaublich wichtig. Und um deine eigene Wahrhaftigkeit zu leben ist es wichtig, daß du deinen eigenen Weg gehst und dich nicht abhängig machst von der Meinung und dem Urteil anderer Menschen über dich. Deine Wahrheit, deine ganz individuelle und für dich stimmende Wahrheit, führt dich auch zu der universellen Wahrheit, führt dich auch zu der wahren Essenz. Es ist nicht einfach zu unterscheiden, was ist wahr und was ist nicht wahr. Hier ist es wichtig, auf die Stimme deines Herzens zu hören, um zu hören, was in diesem Moment für dich wahr ist und was nicht, wie du deine eigene Wahrheit leben und wie du ehrlich sein kannst mit dir und deinen Mitmenschen.

In den meisten Situationen, bis auf einige wenige Ausnahmen, ist dies der Weg in die Freiheit, der Weg zu Sicherheit und Erfolg. Wenn du ehrlich bist, egal welche Unannehmlichkeiten du zu erwarten hast und dich auch mit deiner Verletzbarkeit zeigst, kannst du viel weniger verletzt werden, als wenn du etwas vorgibst, das nicht deinem Inneren entspricht. Und sei auch zu dir ehrlich. Wo verfolgst du Dinge in deinem Leben, die nicht mit deiner inneren Wahrheit übereinstimmen? Wo glaubst du, irgendwer oder irgendetwas sein zu müssen, was dir nicht wirklich entspricht? Wo lebst du Unwahrheit und Verleugnung, weil du dich nicht traust, dich zu deiner Wahrheit zu bekennen?

Glaubt mir, ihr könnt und werdet nicht glücklich sein, wenn ihr nicht eure eigene Wahrheit und Wahrhaftigkeit lebt und wenn ihr euren Weg nicht ehrlichen Herzens beschreitet. Kein Glück und kein dauerhafter Erfolg werden euch geschenkt, wenn ihr nicht den Weg der Wahrheit und den Weg der Liebe geht.

All das, was du erschaffst aus einer Hülle, mit der du dich umgibst, mit einer Maske, die du nicht bist, wird sich in Luft auflösen. Ein Leben in Ehrlichkeit dir selbst gegenüber zeigt dir auch deinen Weg auf, zeigt, in welche Richtung du zu gehen hast, hilft dir bei den Entscheidungen deines Lebens.

Viele von euch leben das Leben einer anderen Person. Viele von euch leben nicht ihr eigenes Leben, ihre eigenen Visionen, ihre eigenen Gefühle und ihre eigene Wahrhaftigkeit. Viele von euch leben das Leben ihrer Vorstellungen, wie man zu leben hat, leben, indem sie die Erwartungen ihrer Eltern erfüllen, leben, weil sie glauben, nur auf eine bestimmte Art und Weise gesellschaftlich anerkannt zu werden. Ihr seid gefangen in euren eigenen Masken, in euren Bildern vom Leben und von euch selbst, die nicht der Wahrheit in euch entsprechen.

Suche danach, wer du bist. Was sind deine Wünsche? Was sind deine Ziele? Wo liegt dein Glück, deine Begeisterung, dein Ärger und dein Zorn? Was sind die wirklichen Wünsche deines Lebens? So, nun klopfe dich ab. Was ist echt und ehrlich, und was ist Fassade und unehrlich an dir und in dir? Wo belügst du andere Menschen und dich selbst? Wie ist dein Bild von dir geformt, das vielleicht gar nicht wahr ist? Und wo im ganz Konkreten hast du in deinem Leben gelogen und betrogen? Und komm jetzt nicht mit der Antwort: "Nie." Jeder von euch ist nicht ehrlich zu sich und zu anderen gewesen, nicht nur einmal. Das ist menschlich und gehört zu der menschlichen Erfahrung, zu der Erfahrung in der Dualität. Wo hast du deine Eltern belogen, betrogen und bestohlen? Wo deine Freunde und Bekannten, Geschwister, Lehrer, Vorgesetzte - oder wen auch immer? Sei ehrlich zu dir. Denn weißt du, daß viele dieser Unehrlichkeiten in dir gespeichert sind und ein unbewußtes Gefühl von Schuld in dir erzeugen?

Deine Seele und dein Herz wollen in Wahrheit und in Frieden leben. Sie wollen sich wahrhaftig und ehrlich zum Ausdruck bringen. Sie wollen sich nicht verstecken und sich kleiner oder größer machen als sie sind. Sie wollen auch nicht vorgeben, etwas anderes zu sein. Denn sie sind vollkommen und angenommen so, wie sie sind. All deine Lügen, Unwahrheiten und Unehrlichkeiten und das Hintergehen anderer Menschen, auch die Unehrlichkeit dir selbst gegenüber, sind Lasten, die du mit dir trägst. Und es ist wichtig, dich und deine Seele davon zu befreien.

Und so beginne, all die Situationen wieder in dein Bewußtsein kommen zu lassen, in denen du unehrlich dir selbst und anderen Menschen gegenüber warst. Sieh diese Situationen vor dir und fühle, wo du ein schlechtes Gewissen hast, wo du dich versuchst zu rechtfertigen und fühle, wo du dich für schuldig hältst. Sieh diese Menschen, diese Situationen vor dir. Schau, ob du so etwas wie Reue fühlen kannst. Schau, ob dir irgendetwas leid tut. Laß die Bereitschaft in dir aufleben, diese alte Situation zu bereinigen und aufzulösen. Sei es, indem du energetisch um Verzeihung bittest, oder sei es, indem du konkret noch einmal Kontakt zu diesem Menschen aufnimmst und zu deiner Unehrlichkeit und deinem "Fehler" stehst. Wenn du Geld entwendet hast, gib dieses Geld zurück. Wenn du die Unwahrheit gesagt hast, sage die Wahrheit. Wenn du einem Menschen wissentlich Schaden zugefügt hast, sorge für einen Ausgleich. Sei nicht feige, habe den Mut, die ganz konkrete Situation, und sei sie schon zehn Jahre vergangen, zu bereinigen, wenn sie dich belastet. Sei ehrlich mit dir und den Menschen!

Sieh, wo hast du deinem Partner unangenehme Dinge verschwiegen? Vielleicht auch gar nicht bewußt? Wo gibt es Situationen, in denen du vorgibst, anders zu sein als du bist? Welche Seiten von dir versteckst du? Und wo lebst du etwas, das du nicht bist? Und wenn du gar nicht erkennen kannst, was wahr und unwahr ist an dir, an deinem Leben, an deinen Entscheidungen, dann begib dich auf die Suche. Die Antworten werden kommen, wenn du nach innen gehst, wenn du die Stimme in dir entlarven lernst, die dein strenger Richter ist, die Stimme deines Vaters oder deiner Mutter mit erhobenem Zeigefinger und moralischen Ansprüchen. Lerne zu unterscheiden, wer du wirklich bist, und lerne, zu dir zu stehen. Es ist nicht einfach.

Es gibt viele Situationen, in denen ihr Angst habt, wenn ihr euch ehrlich und wahrhaftig lebt, wie ihr seid, bestraft, verurteilt und verletzt zu werden. Viele von euch machten die Erfahrung, als ihr offen ward und frei von anderen Menschen, verletzt zu werden. Ihr machtet die Erfahrung, daß Liebe und Anerkennung zu bekommen an bestimmte Verhaltensweisen und an große Bedingungen geknüpft ist. Nachdem ihr viel Schmerz gefühlt habt, den ihr nicht mehr fühlen wolltet, habt ihr euch dazu entschlossen, eure eigene Wahrheit zur Seite zu stellen und euch den Bedingungen anderer anzupassen und euch zu verändern in der Hoffnung, geliebt und anerkannt zu werden. Ihr habt euch mehr und mehr von euch selbst entfernt und wißt oft gar nicht mehr, wer ihr seid und was eure Wahrheit und eure Wahrhaftigkeit ist und was eure Identifizierung mit einer Maske, die euch vielleicht Hilfe war, aber die euch ab diesem Punkt nicht mehr dient. Ihr könnt viel öfter wahrhaftig sein, als ihr denkt, ohne verletzt zu werden, ohne an Grenzen zu stoßen. Ihr haltet euch viel zu oft zurück aus der Angst, was andere über euch denken könnten, aus der Angst, verletzt und verurteilt zu werden.

Trau dich, zu deiner Wahrheit zu finden.
Trau dich, zu deiner Wahrheit zu stehen.
Trau dich, deine Wahrheit zu leben.

Wahrhaftigkeit zu leben ist eine große Aufgabe und eine große Herausforderung. Sie wird dir, wenn du den Mut hast, sie zu leben, dich zu leben, großes Glück bringen. Und beginne damit, ehrlich zu dir zu sein, auch wenn du manchmal vielleicht deine Ehrlichkeit nicht nach außen trägst und nach außen etwas anderes spielst. Es ist ein Schritt, zumindest erst einmal zu dir ehrlich zu sein, und der nächste Schritt ist, diese Ehrlichkeit und deine Wahrheit im Außen zu leben und sie zum Ausdruck zu bringen.

Wenn ihr Menschen euch begegnet, seid ihr oft die meiste Zeit während eurer Begegnung unehrlich, indem jeder von euch versucht, seinem Gegenüber ein bestimmtes Bild von sich zu vermitteln. Ein Bild von sich, von seiner Sichtweise bestimmter Situationen, von Gedanken und Gefühlen, wie auch immer. Es ist, als wenn zwei komplett andere Personen miteinander kommunizieren, und nicht die, die ihr wirklich seid.

Es ist sehr lustig für uns, das zu beobachten. Und würdet ihr euch selbst auch aus einem erweiterten Blickwinkel beobachten können, dann würdet ihr es auch sehr komisch, sehr verschroben und absolut unnötig empfinden. Denn beide Personen haben Angst, nicht so geliebt und anerkannt zu werden, wie sie wirklich sind. Beide glauben, in der Begegnung nur an Stärke zu gewinnen, wenn sie verschiedene Aspekte von Masken zeigen. Und diese können von Mensch zu Mensch wechseln. Dieser Ablauf ist für euch Menschen ganz selbstverständlich. Es ist so, als wenn ihr ein anders Kleid oder einen anderen Mantel anziehen würdet, weil ihr glaubt, eben nur mit dieser äußeren Hülle, dieser Maske und dieser Färbung vor dem anderen bestehen zu können.

Durchtrennt die Fesseln eurer Masken, eurer Unehrlichkeiten und eurer Betrügereien. Mögen sie im Kleinen, im Emotionalen, im Geistigen oder im Materiellem liegen. Es ist kein Weg, der euch zu Glück und Zufriedenheit führt. Es ist kein Weg, der euch andere Menschen von Herz zu Herz begegnen läßt. Es ist ein Weg großer Einsamkeit.

Nur wenn du ehrlich und wahrhaftig bist, kannst du vertrauen und dem anderen dein Herz öffnen. Versteckst du dich und präsentierst nach außen etwas anderes als in dir lebt, versuchst du das, was hinter deiner Maske ist, mit dieser Maske zu beschützen. Deine Aufmerksamkeit und deine Ausrichtung bestehen darin, den anderen von dir fernzuhalten und dich und deine vermeintlich verletzliche Seite zu schützen. Es gibt sicherlich Situationen, in denen es notwendig ist, um dich selbst zu schützen und nicht das zu zeigen, was gerade in dir lebt. Aber glaub mir, diese Situationen gibt es ganz selten. Du glaubst jedoch oft, dich in einer solchen Situation zu befinden und handelst entsprechend. Glaub mir, du bist viel glücklicher und geschützter, wenn du ehrlich bist und ehrlich und wahrhaftig deine Traurigkeit zeigst, deine Zweifel, deine Verletzungen und dein Herz öffnest. Noch einmal:

Bringe Ordnung in alle Bereiche deines Lebens,
bringe Ehrlichkeit und Wahrhaftigkeit
in deine Beziehungen zu jedem einzelnen Menschen.

Es ist wirklich wichtig, daß Kontakte und Erlebnisse, in denen du unehrlich warst, auch im Nachhinein von dir bereinigt werden. Sie sind Erinnerungen und Altlasten, die dich behindern, dich zu leben, deine Aufgabe zu leben; die dich hindern, dein Herz zu öffnen und frei zu sein. Unterschätze die Belastungen solcher Unehrlichkeiten nicht.

Auch Schuldgefühle sind Gefühle, die dich nicht aufatmen lassen, die wie Gewichte an dir und deinem Körper hängen. Sorge für Ausgleich. Bring all deine alten Geschichten, die unerledigt sind, zu einem guten Abschluß. Sei es im direkten Kontakt, auch wenn es großen Mut erfordert - oder rein innerlich, im energetischen Bereich. Achte darauf, daß du nicht flüchtest, indem du einen anderen innerlich um Verzeihung bittest, nur um den direkten Kontakt zu umgehen. Es ist wichtig, daß du mutig bist und, wenn nötig, in direkten Kontakt mit einer Person trittst, um einen finanziellen, einen emotionalen Ausgleich zu schaffen. Besonders in Beziehungen stehen all die unausgesprochenen, verdrehten, verschwiegenen und belogenen Geschichten zwischen euch. Auch Anteile und Gefühle in dir, die du verschweigst und zurückhältst, schaffen eine Barriere dort, wo durch Öffnung Nähe entstehen könnte; dort, wo Liebe und Güte leben könnten, wenn du deine Angst und deine Verletzbarkeit zeigst. Untersuche dein Leben auf die Aspekte Ehrlichkeit und Wahrhaftigkeit dir selbst und deinem Leben gegenüber. Ehrlichkeit und Wahrhaftigkeit können dich zu der Essenz deiner selbst führen, können dich vollkommen und glücklich sein lassen und dir den Weg zur göttlichen Quelle aufzeigen.

Wahrhaftige Begegnungen von Mensch zu Mensch können unglaublich beglückend sein. Es ist eine der wunderbarsten Erfahrungen, die ihr als Mensch machen könnt, denn ihr steht einander offen und nackt gegenüber. In einigen von euch lebt die Angst daß, wenn ihr anderen Menschen offen und wahrhaftig begegnet, automatisch verletzt werdet. Vielleicht tragt ihr jetzt ein konkretes Bild, eine Vorstellung, in euch daß, wenn ihr einer bestimmten Person die Wahrheit erzählt, sie euch verletzt und bestraft. Glaubt mir, in den meisten Situationen könnt ihr das Herz eures Gegenübers durch eure Ehrlichkeit berühren. Und selbst wenn es nicht so ist, ist es eine Befreiung für euch, eure

Wahrheit zu vertreten und euch von Gefühlen der Schuld zu befreien. Schaut nicht so viel auf Reaktionen, die ihr von den anderen erwartet. Schaut auf euch selbst. Nicht immer werdet ihr damit auf Gegenliebe stoßen.

Es ist deine Entscheidung, ob du dich verleugnen willst, in Hüllen und Masken leben willst, um, wie du glaubst, weniger verletzbar zu sein. Doch glaube, letztendlich verletzt du dich, indem du dich verleugnest und nicht deine Wahrheit lebst, viel, viel mehr als die möglichen einzelnen Verletzungen, die dir von außen zugefügt werden, wenn du dich und deine Wahrheit zeigst. Irgendwann einmal kann dir das, selbst wenn man dir von außen "negativ" auf deine Wahrheit begegnet, auch nichts mehr anhaben. Und irgendwann, wenn du dir deiner Wahrheit, deiner Größe und deiner Stärke bewußt und sicher geworden bist, wirst du auch im Außen erleben, daß viele Menschen mit deiner Wahrheit gut umgehen können, weil du sie selbstverständlich lebst, ohne damit irgendjemanden verletzen zu wollen; ohne damit irgendetwas bezwecken zu wollen; - nur um deine Wahrheit zu leben, unabhängig von den anderen um dich herum.

Du wirst immer weniger Angriffe im Außen anziehen, weil du dich annimmst mit dem, was du bist und was du tust. Verletzt wirst du werden, wenn du glaubst, um dich schlagen zu müssen, um deine Wahrheit zu leben. Du lebst dann deine Wahrheit nicht selbstverständlich für dich, sondern in Ausrichtung auf dein Gegenüber, das du zurückweisen willst, bevor es dich zurückweist. Begreife, du hast das Recht, deine Wahrheit zu leben. Es ist dein Geburtsrecht und nichts und niemand kann und darf es dir nehmen. Du brauchst es dir nicht zu erkämpfen, du brauchst es niemand anderem wegzunehmen. Lebe deine Wahrheit, ohne irgendetwas zu beabsichtigen. Gehe deinen Weg ehrlich, entschlossen und mutig, und befreie dich und deinen Weg von all den Lasten, die du durch deine Unehrlichkeiten, wie immer sie aussehen mögen, geschaffen hast. Schaffe einen Ausgleich und bereinige sie, mache dich frei. Setze deine nächsten Schritte wahrhaftig und ehrlich vor dir selbst und den anderen Menschen. Mache dir selbst Mut und glaube an die Kraft, die in dir lebt, um deine Wahrheit zu verwirklichen. Glaube an die Kraft in dir, auch ehrlich zu den Menschen zu sein, vor denen du Angst hast. Du bist weder gut noch schlecht. Du bist alles, was ist, und alles, was ist, lebt in dir. So brauchst du nichts zu verstecken. Alles, was du bist, ist wahr, und alles, was du nicht glaubst zu sein, ist nicht wahr. Du bist alles. Das ganze Universum lebt in dir. Lebe dein Leben wahrhaftig mit dem, was du bist, in jedem Moment, so daß Begegnungen in Wahrhaftigkeit stattfinden können.

Es leben dein Mut, deine Ehrlichkeit und deine Wahrhaftigkeit!

*****

Krieg und Frieden

Andon Andromeda

Ich möchte euch von den Energien des Krieges erzählen. Ich möchte mit euch über die Energie der Auseinandersetzungen, über die Energie des Streites und, in seinem extremsten Ausdruck, über die Energie des Krieges sprechen.

Kriege, die in den Ländern eurer Welt, in den Ländern eurer Erde, geführt werden, haben nicht nur mit den Ländern als solches zu tun.

Die Kriege, die in den Ländern eurer Welt passieren, sind ein Teil von dir. Du trägst keine "Schuld" für ihre Entstehung und schon gar nicht die alleinige "Schuld". Und dennoch trägst auch du Verantwortung und bist ein Teil der Geschehnisse auf eurer Erde. Auch in dir gibt es Energien des Krieges, in dir selbst, in deinen Beziehungen und in deinem Umfeld.

Ihr Menschen habt die Tendenz, euch getrennt von den Geschehnissen auf der Erde zu fühlen, euch getrennt von anderen Menschen und Umständen wahrzunehmen. Auf eurer menschlichen Ebene erscheint euch dies so. Doch auf einer anderen Ebene, auf der Ebene der Energien, seid ihr nicht getrennt voneinander.

Und die Geschehnisse, die irgendwo in der Welt passieren, hängen auch mit dir zusammen. Letztendlich brauchst du gar nicht so weit zu schauen. Wo lebt Krieg in dir? Wo bekämpfen sich verschiedene Aspekte deines Selbst in dir? Wo kämpfen deine weiblichen und männlichen Aspekte miteinander? Wo werden deine weichen, zarten und sensiblen Aspekte von deinen harten kämpferischen Anteilen bekriegt, unterdrückt und besiegt? Wo kämpfen verschiedene Meinungen, verschiedene Gedanken und verschiedene Aspekte in dir? Nimm wahr, wo beginnt dein innerer Kampf, dein innerer Krieg? Wie gehst du mit konträren Anteilen deiner selbst um? Gibt es ein Gewinnen und ein Verlieren? Wo kämpfst du? Lebst du in Frieden mit den verschiedenen Anteilen deiner Selbst? Haben sie den Platz, der ihnen gebührt? Haben sie die Freiheit, zu leben in der Art und Weise, die ihnen angemessen ist? Werden Anteile in dir von anderen Aspekten dominiert? Geht es sogar so weit, daß einzelne Aspekte von dir abgetötet und unlebendig, andere Aspekte jedoch übermächtig und auf eine Art "Alleinherrschaft" aus sind?

In dir lebt ein ganzes Universum. In dir selbst leben so viele Aspekte. In dir selbst leben Kämpfe und Kriege. Entscheidend ist, wie du mit diesen unterschiedlichen Anteilen in dir umgehst, mit welchem Verständnis, mit welcher Sanftheit und mit welcher Selbstverständlichkeit. In wievielen von euch sind so viele wichtige Anteile unterdrückt. Und wenn du die Energien deiner inneren Konflikte in einem äußeren Bild sehen könntest, in einem äußeren Geschehen, getrennt von dir, dann wärest du entsetzt, wie brutal und wie kompromißlos und wie kriegerisch manche Abläufe in dir selbst sind. Wie streng du mit dir bist. Wie wenig manche Anteile gehört werden und wie brutal sie von dir niedergemacht und in die hinterste Ecke verbannt werden. Du würdest entsetzt sein, deine inneren Kämpfe in einem äußeren Bild zu sehen.

Oft bist du nicht entsetzt, denn die Geschehnisse in dir sind für dich selbstverständlich, denn du nimmst sie nicht so grausam wahr, wie sie wirklich sind. Grausam und zerstörerisch nimmst du meistens nur das wahr, was du im Außen als Krieg zwischen einzelnen Ländern der Erde präsentiert bekommst. Doch wisse, was in dir lebt ist nichts anderes als das, was du dort sichtbar vor Augen geführt bekommst. Und wenn du ein Stück von dir weiter schaust, in dein näheres Umfeld: Wo gab und gibt es Situationen, die immer wieder auf einen Machtkampf, auf ein Machtspiel und auf einen Kampf hinauslaufen oder hinausgelaufen sind? Wo warst du so wütend und haßerfüllt, daß du am liebsten auf jemanden eingeschlagen und ihn zerstört hättest? Und wo gibt es in deinem Leben scheinbar unlösbare Konflikte, und mit welchen Menschen? Wo sind Gefühle von Kampf, von Brutalität, auch wenn sie nicht so offensichtlich gelebt werden, in deinem Leben? Wie oft erlebtest du in einem Konflikt Wut, Haß und kriegerische Emotionen und daß keiner dieser zwei Parteien eingelenkt hat, weil jeder glaubte, im Recht zu sein, und wo es scheinbar unmöglich erschien, auf eine andere Ebene zu wechseln als die von Rechthaberei, Zerstörung und Machthaberei? Erinnere dich an Situationen, in denen es schwierig und unmöglich zu sein schien, auf eine Ebene des Herzens und der bedingungslosen Liebe zu wechseln.

All dies ist menschlich und lebt in jedem von euch. Es ist unglaublich wichtig, daß ihr mit den Dynamiken des Krieges und des Friedens in euch und in eurem direkten Umfeld anfangt zu arbeiten. Jeder von euch ist verantwortlich und ein Energieträger für die Kriege, die in eurer Welt passieren. Die Kriege, die in eurer Welt geschehen, sind manifestierte kollektive Energien, die in jedem einzelnen von euch beginnen. Je mehr jeder einzelne von euch zu Frieden in sich und seiner Umgebung findet, desto mehr wird Frieden auf Erden herrschen. Es wird euch nicht weiterbringen, wenn ihr euch nur auf die Kriege im Außen konzentriert, wenn ihr Stellung bezieht, Partei ergreift, indem ihr Schuldzuweisungen macht. Es ist niemals ein einzelnes Land, das einzig und allein für einen Krieg verantwortlich ist. Auch die scheinbaren Opfer des Krieges sind an der Entstehung dieses Krieges beteiligt. Wie ihr wißt, sind Opfer und Täter eins. Die Opfer machen sich zu den Opfern der Täter, und es ist ihre Verantwortung und ihre Entscheidung. Es kann kein Krieg entstehen zwischen zwei Parteien, wenn für eine Partei Krieg kein Thema ist. Es ist eine Ergänzung der Energien, Energien die sich anziehen, Energien, die resonieren.

Krieg erscheint ganz unterschiedlich, je nachdem, aus welchen Aspekten, von welchen Ebenen man ihn betrachtet. Krieg hat karmische Strukturen, und auf dieser Ebene erscheint es so, als würde ein Ausgleich geschaffen zu bereits erlebten Situationen. So sammeln sich viele Menschen, die sich, indem sie im Krieg getötet werden, von alten "karmischen Schulden" des Tötens erlösen wollen. Es gibt unglaublich viele Ebenen karmischer Strukturen, die mit einem Krieg zusammenhängen. Es stimmt, einiges Karma kann durch einen Krieg aufgelöst werden, aber es ist niemals zu vergessen, daß durch einen Krieg auch wieder unendlich viel neues Karma erschaffen werden kann.

Krieg befindet sich auf der Ebene der Dualität. Krieg befindet sich auf der Ebene von Ursache und Wirkung. Krieg macht auf dieser Ebene einen Sinn. Doch wenn du diese Ebene verläßt und auf eine Ebene jenseits der Dualität gehst, dann wirst du wieder einmal erkennen, daß es keine Schuld gibt, kein Opfer und keinen Täter, daß es nicht um Besser oder Schlechter geht oder um eine Verteidigung von Glaubensstrukturen.

Es wird immer wichtiger, daß ihr die Räder und die Strukturen von Ursache und Wirkung von Karma hinter euch laßt, daß ihr austretet aus euren dualen Strukturen und nach neuen Möglichkeiten und nach Hilfen durch eine andere Ebene sucht.

Diese andere Ebene, die ich meine und die euch aus Strukturen des Krieges führt, ist die Ebene eures Herzens. Es ist die Energie, die euch erkennen läßt, daß ihr alle eins seid, daß es kein Besser oder Schlechter gibt, daß nichts, und rein gar nichts, an Überzeugungen - und seien sie von noch so hohen Idealen der Menschlichkeit geprägt - eine Rechtfertigung sind, Krieg zu führen. Die Energie des Herzens läßt dich erkennen, daß du, wenn du, egal für welche Ziele, egal für welche Ideale, du auf der Ebene des Dualen in Form von Krieg kämpfst, dein Herz und deine Liebe verloren hast und du dich abschneidest von dem göttlichen

Strom und der bedingungslosen Liebe.

Wenn du die Energie der bedingungslosen Liebe fühlst und du dich in einer kriegerischen Auseinandersetzung befindest, dann wirst du fortan deinen Teil dieser Auseinandersetzung zurücknehmen und um Verzeihung bitten. Auf der menschlichen Ebene scheint es für euch ein Gut und Böse, ein Besser und Schlechter zu geben. Aber wißt, nichts rechtfertigt aus der Energie des Herzens und der bedingungslosen Liebe, wirklich nichts, eine kriegerische Auseinandersetzung. Egal aus welchem Grund du gekämpft hast und versucht hast, gegen den anderen zu gewinnen und deine Ideale als besser darzustellen, laß los, trete einen Schritt zurück und bitte um Verzeihung. Wenn ein Krieg, eine Auseinandersetzung und ein Kampf geschehen, an dem du beteiligt bist, bitte um Verzeihung. Bitte aus tiefstem Herzen dein Gegenüber, und seist du noch so haßerfüllt, um Verzeihung, wenn du diesen Kampf beenden willst. Natürlich kann es aus eurer menschlichen Sicht manchmal wichtig sein für euch, zu kämpfen. Hier meine ich auch das Kämpfen gegen jemanden, gegen euch selbst oder eine andere Person. Es sind Erfahrungen, die euch dienen, und dennoch ist es wichtig für euch, nicht zu lange in diesen Erfahrungen zu verweilen und zu lernen, wie ihr diesen Kampf, diese Ebene gebenenfalls verlassen und wieder auflösen könnt. Eine aggressive oder wie auch immer schwierige, kämpferische Auseinandersetzung zwischen zwei Menschen, zwei Parteien, zwei Ländern, oder wie auch immer, ist nur aufzulösen, indem du zurücktrittst, indem du von der Kampfebene deiner unteren Chakren, insbesondere deines Solarplexus', in dein Herz gehst. Indem du bittest und dich öffnest für die bedingungslose Liebe und aus tiefstem Herzen um Verzeihung bittest, um Verzeihung bittest für deinen Anteil. Du kannst einen Konflikt, einen Krieg, einen Kampf erlösen, indem du deine Anteile zu dir zurücknimmst und indem du um Verzeihung bittest.

Vielleicht werdet ihr jetzt nicht verstehen, warum ihr um Verzeihung bitten sollt. Es ist auch nicht so wichtig. Probiert aus, in einer solchen Situation um Verzeihung zu bitten und seht, was sich in euch verändert. Sucht nach Wegen, aus verfahrenen Konflikten herauszutreten.

Ihr werdet schon bemerkt haben, je mehr ihr in solchen Momenten in die Energie der Wut und des Hasses geht, um so mehr, um so tiefer und um so schlimmer werden diese Auseinandersetzung und dieser Kampf. Und wenn ihr verletzt worden sein, versucht ihr oft wiederum, den anderen zu verletzen, und wenn der andere euch dann ein wenig mehr verletzt, versucht ihr Mittel und Wege zu finden, ihn noch ein bißchen mehr zu verletzen. Und so schaukeln sich die Intensität und die Methoden, den anderen zu verletzen, höher und höher. Wenn ihr diese Energie auf die Spitze treibt, trachtet ihr dem anderen nach dem Leben. So weit kommt es Gott sei Dank nicht oft, aber den anderen noch ein bißchen mehr zu verletzen, ist auch ein unglaublich großer Schmerz.

Es ist der Krieg, den ihr in eurem Leben führt. Bittet um Verzeihung und fühlt in euer Herz. Bittet um Verzeihung für die Verletzungen, die ihr einem anderen Menschen zugefügt habt. Beginnt nicht damit, nur um Verzeihung zu bitten, wenn die andere Person auch um Verzeihung bittet. Dann befindet ihr euch wieder auf der Ebene des Kampfes. Es geht in keinster Weise um den anderen und sein Verhalten. Es geht nur um deinen Teil, um deinen Anteil in diesem von dir erschaffenen Krieg. Es hat dich niemand in den Konflikt gezwungen. Du hast dich dazu entschieden. Es hat dich niemand dazu gezwungen, jemand anderen zu verletzen. Du hast dich dazu entschieden. Es hat dich niemand dazu gezwungen, in die Energie des Kampfes einzutreten, egal auf welcher Ebene. Du hast dich entschieden. Und so kannst auch du für deinen Teil Verantwortung übernehmen, unabhängig davon, was der andere tut. Bitte um Verzeihung und bitte um Vergebung mit der ganzen Liebe, mit dem ganzen Gefühl deines Herzens. Bitte dein Gegenüber um Verzeihung, sei es innerlich oder auch direkt verbal geäußert. Und bitte gleichzeitig um die Begleitung und Unterstützung deiner geistigen Helfer und Führer. Bete und bitte für Frieden, für die Erlösung und die Auflösung des Krieges in dir, des Kampfes mit einem anderen oder des Krieges zwischen Ländern.

Auf der Ebene deines Herzens existiert kein Krieg. Auf der Ebene der Liebe darf jeder und alles so sein, wie es ist. Es gibt dort keinen Grund, gegen irgendwen zu kämpfen. Denn alles, was ist, hat seine Berechtigung, darf sein, wie es ist. Du nimmst es in Liebe an, und dadurch bist du frei.

Überlege einmal - welchen Menschen hast du im Laufe deines Lebens Verletzungen zugefügt, sei es deinen Eltern, sei es in alten Beziehungen oder Freundschaften? Wo hast du Menschen absichtlich oder unabsichtlich verletzt? Wo hast du anderen Menschen ihr Selbstwertgefühl genommen? Wo hast du sie erniedrigt, wo hast du sie kleiner gemacht als sie sind? Wo hast du sie unterdrückt?

Hier geht es nicht darum, ein Gefühl von Schuld zu entwickeln. Wenn du jemanden unterdrückt hast, dann hat sich dieser andere auch dazu entschlossen, sich von dir unterdrücken zu lassen. Es gibt hier keine Schuld, das ist nicht das Thema. Es geht darum, für deinen Teil um Verzeihung zu bitten. Du bist nur für dich verantwortlich und für das, was du tust. Und dann schau einmal, welchen Menschen in deinem Leben, die dich verletzt und gekränkt haben, die dir in deinen Augen Schaden zugefügt haben, hast du noch nicht vergeben, hast du noch nicht verziehen? Vielleicht ist es dir gar nicht bewußt und du verspürst gar keine Wut und keinen Haß für diesen Menschen, der dir Schmerz zugefügt hat. Aber vielleicht gibt es doch einen Teil in dir, der nicht vergeben hat. Und um in Frieden zu leben, um in Frieden in dir zu sein, ist es notwendig, all diese alten Kämpfe, diese alten Verletzungen und Kränkungen aufzulösen und abzuschließen, indem du in die Energie deines Herzens, in die Energie bedingungsloser Liebe gehst, anderen verzeihst und vergibst und auch für dich selbst um Verzeihung und Vergebung bittest.

Vergebung und Verzeihung für dich selbst
und für einen anderen Menschen
- das ist die Energie, die dich vom Krieg zum Frieden führt;
das ist die Energie, die dich offenen Herzens lieben läßt;
das ist die Energie, die dich frei und dich selbst heil fühlen läßt.

Und wenn es dir schwerfällt, weil du sehr verletzt worden bist, einem anderen oder dir selbst zu verzeihen oder einen anderen um Verzeihung zu bitten, beginne erst einmal folgenden Satz (für dich) zu sprechen: "Ich verzeihe mir und ich verzeihe dir." Und auch wenn dein Gefühl und die Energie des Verzeihens sich noch nicht in deinem Herzen befinden, sind diese Sätze mit ihrer Energie eine Möglichkeit, dich in die Energie des Herzens zu führen. Vielleicht fühlst du dann irgendwann, daß mit den Worten dein Gefühl und deine Energie der Verzeihung aufsteigen und fühlbar werden.

Wenn das für dich kein Weg ist, schaue nach anderen Möglichkeiten und frage dich, was dich daran hindert, diese Konflikte, diese Kriege, diese Kämpfe aufzulösen. Warum kannst du diesen Kampf, diese Auseinandersetzungen und dieses Verletztsein nicht loslassen? Warum kannst du nicht verzeihen? Warum willst du nicht um Vergebung bitten? Warum bist du verbittert und verhärtet? Suche nach Wegen, diese Verbitterungen, diese Verletzungen und diese Kämpfe in den Frieden zu führen. Und wenn es dir nicht möglich erscheint in diesem Moment, dann verliere trotzdem diese Thematik nicht aus den Augen. Wisse, all diese Energien der Schuld, Opfer und Täter zu sein, des Kampfes und der Rechthaberei lassen dich nicht deinen inneren Seelenfrieden finden. All dies sind auch Energien, die in ihrer Potenzierung als Kollektivenergie Krieg erzeugen. All die verhärteten Herzen, die erstarrt und erkaltet sind, die nicht mehr berührbar sind, können durch Liebe, Mitgefühl und Vergebung geheilt und in den Fluß der Liebe verwandelt werden. Denn dies ist die Energie, die Krieg in Frieden verwandelt. Wenn du Krieg führst, wenn du verletzt und verletzt wirst, dann sind die Energie und der Fluß deines Herzens unterbrochen.

Ihr kennt vielleicht das Gefühl, euch kalt und überhaupt nicht mehr zu fühlen, daß euch auch die Gefühle einer anderen Person nicht mehr berühren können, daß ihr andere verletzt und euch vielleicht sogar freut, es dem anderen heimgezahlt zu haben. All diese Gefühle sind so menschlich. Es gibt keinen Grund, dich dafür zu schämen. Es gibt keinen Grund, dich deswegen als "schlecht, böse oder unmenschlich" zu beurteilen. Dies ist ein Aspekt von dir und deinem "Menschsein".

Es ist nur wichtig, daß ihr begreift, daß ihr auch "Täter" seid, daß ihr auch Krieg erzeugt. Es ist nicht wahr, daß das nur die anderen sind, irgendwelche kämpferischen, gefühllosen Schweine. All diese Energien leben auch in euch. In jedem einzelnen von euch!

Und wenn du beginnst, dich gedanklich auszuschließen, dann wisse, auch du gehörst dazu. Jeder von euch, der bei sich beginnt, zu sich ehrlich ist, sich nicht verurteilt und sich auch mit diesen Anteilen annimmt und liebt und sich selbst und anderen vergeben kann, kann Unermeßliches erwirken.

Schau auf dich. Betrachte die Dynamiken in dir selbst und in deiner näheren Umgebung, und du kannst unglaublich viel über Krieg und Frieden lernen. Und wenn du beginnst zu denken, „wenn andere Krieg führen, dann sind die unmöglich, sind nicht weit genug entwickelt und haben noch nichts verstanden" und du auf sie herabschaust, dann tritt demütig zurück und beginne bei dir. Begegne Menschen, Ländern und wem auch immer, die im Krieg leben, die sich verletzen und zerstören mit tiefem Mitgefühl und dem Wissen, daß das, was sie leben, auch in dir lebt. Spüre Mitgefühl, wie schwer es für euch Menschen ist, euch aus diesen Kämpfen zu erheben und in die Energie bedingungsloser Liebe einzutreten. Ihr seid und werdet herausgefordert sein, mit diesen Energien umzugehen.

Es ist ein Lernprozeß, und immer wieder einmal führst du Krieg, wirst du dich und andere verletzen. Wisse, die Energie in den Kampf zu gehen, führt dich noch tiefer in ihn hinein, führt dich noch mehr zu Verletzung und Zerstörung.

Bemühe dich um einen Weg, der dich aus Kampf, Zerstörung, Rechthaberei und Besserwisserei führt. Rechthaberei und Besserwisserei sind auch eine Form von Kampf und Verletzung. Es geht um Besser und Schlechter, um Gewinnen und Verlieren. In vielen Bereichen deines Lebens ist diese Energie von Stark und Schwach, von Kleiner und Größer enthalten. Es sind die kleinen Kämpfe deines Lebens mit anderen Menschen. Frage dich: Wo und wann bist du arrogant? Wo willst du anderen Menschen das Gefühl geben, überlegen zu sein? Womit verletzt du andere Menschen? Es gibt so viele Energien, Gefühle und Handlungen in eurem Leben, die mit der Energie des Kampfes und des Krieges zusammenhängen. Und so beginne, dein Herz mehr und mehr zu öffnen und Verständnis und Mitgefühl für die menschlichen Kämpfe zu entwickeln. Du solltest nicht aus ihnen heraustreten, indem du auf sie hinabblickst. Das ist nicht die Energie, die ich meine, wenn du glaubst, über diese Energien des Krieges und des Kampfes zu stehen. Nein, das, was ich meine, ist eine tiefe Form des Mitgefühls; wahrzunehmen, wie beide Seiten, die kämpfen, leiden, und wie beide Parteien sich in diesen Momenten von ihrer Liebe und ihrem göttlichen Selbst abtrennen und wieviel Schmerz dies erzeugt. Wirklich, wenn du dich in Situationen des Krieges und des Kampfes in dir oder im Außen befindest und du scheinbar keinen Weg heraus findest oder siehst, verurteile dich nicht. Sei trotzdem gütig und liebevoll mit dir. Bete, bitte und suche nach Wegen, dort herauszukommen. Schaue nicht auf dich herab, wenn du in Kämpfe verwickelt bist. Liebe, Güte, Vergebung und Mitgefühl eines offenen Herzens sind die Energien, die Krieg in Frieden verwandeln. Es sind die Energien, die dich vollständig glücklich und zufrieden fühlen lassen, die dich mit einem anderen Menschen verbinden und die die Trennung zwischen euch auflösen. Und so, wenn du einen Krieg, einen Kampf, eine Auseinandersetzung, in welcher offensichtlichen oder versteckten Form auch immer, siehst, in die du selbst oder auch andere verwickelt sind, tritt einen Schritt zurück zu dir und werde demütig, aktiviere die Kraft deines Herzens:

Mitgefühl, Vergebung, Mitgefühl,
Vergebung und bedingungslose Liebe.

Geh aus dem Dualen heraus zu dir zurück, zu der Liebe deines Herzens. Und auf einer kollektiven Ebene ist es ungeheuer wichtig, daß ihr an diesen Themen arbeitet. Und je mehr ihr in euch diese Thematiken und diese Energien durch die Kraft eures Herzens erlösen könnt, umso weniger werden auch im Außen Kampf, Krieg und Zerstörung herrschen.

Gib deine Energie nicht darein, Stellung zu beziehen in der Form, wer Recht hat oder nicht, wer das Opfer und wer der Täter ist. Diese Energien sind letztendlich, wenn du Frieden willst, verpulvert und in die falsche Richtung investiert. Es sind alles Fallen der Meinungsbildung, der Rechthaberei und Besserwisserei und des Glaubens, daß irgendetwas besser ist als das andere. Geh hinaus und geh zurück zu dir und in dein Herz und erinnere dich daran, daß Mitgefühl, Vergebung und bedingungslose Liebe die Energien sind, die Krieg in Frieden verwandeln.

Mit diesen Worten möchte ich dieses Kapitel abschließen: Erinnert euch an -

Vergebung, Mitgefühl und bedingungslose Liebe.
Auf daß die Erde und die Menschen in Frieden,
Vergebung und bedingungsloser Liebe leben können.
Die Zeit ist gekommen.
Der Friede beginnt bei dir.

*****

Diese Informationen über Krieg und Frieden habe ich lange Zeit, nachdem alle anderen Kapitel des Buches schon geschrieben waren, übermittelt bekommen; circa zwei Wochen nach Beginn der kriegerischen Auseinandersetzungen im Kosovo.

In der Nacht, bevor ich vom Kosovokrieg erfuhr, hatte ich folgenden "Traum":
Ich begab mich mit einigen Menschen zu einem bedeutungsvollen Treffen an einen ausgewählten Ort. Ich wurde dort hingeführt. Es ging um dringende Ereignisse, zu denen wir uns trafen. An mehr konnte ich mich nicht mehr erinnern. Am Morgen fragte ich mich nur, was das zu bedeuten hätte und fühlte, daß das mehr war als nur ein Traum.
Ein paar Tage später, als mein Mann Guido mir die Füße massierte, fühlte ich mich nichtsahnend plötzlich aus meinem Körper herausgezogen und reiste mitten in den Krieg, bis irgendwann Tränen über Tränen aus mir herausflossen und ich weinend mehrmals sagte:
"Ich bitte um Verzeihung, ich bitte um Verzeihung für das, was wir Menschen an Leid erzeugen und für all das, was ich anderen Menschen jemals an Leid zugefügt habe. Ich bitte um Vergebung für das, was geschieht."
Die Tränen liefen, mein Mann hielt mich in seinem Arm.

Langsam kam ich wieder ganz in meinen Körper zurück und fühlte eine Befreiung.
Gedanklich konnte ich zunächst nicht genau erfassen, was für mich und die Menschen um Verzeihung zu bitten genau mit dem Krieg zu tun hat. Als ich dann, wie gesagt, circa zwei Wochen später die Botschaften über Krieg und Frieden erhielt, wurde mir klar, wie sehr jeder einzelne von uns für Krieg oder Frieden verantwortlich ist und wie wichtig Liebe und Vergebung in diesem Zusammenhang sind.

Die Energie hinter den Worten

Seid gegrüßt, hier spricht Andon Andromeda.

Wir bewegen uns zum Ende dieses Buches. Wir sind zusammen auf eine Reise gegangen, auf eine Reise durch verschiedene Welten, verschiedene Zeiten, verschiedene Blickwinkel eures Lebens. Wir haben uns aus unserem Sein, unserem Blickwinkel der Nicht-Dualität, und des Eins-sein mit euch verbunden, zu euch gesprochen. Nochmals: Worte sind nur eine Übersetzung von lebendigen Energien. Worte sind Energien in Form gebracht. Und somit stellen sie immer nur einen Ausschnitt, eine Übertragung dessen dar, was ist. Seid euch dessen bewußt. Seid euch auch bewußt, daß wir auch in einer anderen Sprache, in anderen Bildern hätten sprechen können, und somit haltet euch nicht an den Worten, an den Bildern fest, tretet ein in die Welt der Energien. Macht euch nicht abhängig von einzelnen Worten, von einzelnen Bildern. Sie sind Ausdruck dessen, was als "Größeres", als Energie hinter ihnen steht. Also seid euch bewußt, daß diese Worte nicht die letztendliche Wahrheit sind. Die letztendliche Wahrheit liegt hinter den Worten. Die Wahrheit ist reine Energie, reine Liebe. Das ist ein zentraler Schlüssel, der wichtig ist, betrachtet und beachtet zu werden. Laßt euch nicht irreführen von den Worten, von den Bildern. Spürt hinter die Worte. Versucht einzutreten in die Welt, in die Energie hinter den Worten. Wir sprechen zu euch aus der Nicht-Dualität, aus der Welt der Energie und aus der Welt bedingungsloser Liebe. Und aus diesem Sein sieht vieles ganz anders aus als aus einer Existenz, die die Geschehnisse und die Welt als dual betrachtet.

Es ist uns wichtig, euch immer wieder in dieses Sein von bedingungsloser Liebe, in diesen Blickwinkel, in dieses Sein der Einheit einzuführen und euch gleichzeitig zu verdeutlichen, daß eben diese Erfahrungen in der Dualität für euch auch sehr, sehr wichtig sind. Ebenso ist es auch nicht zu jedem Zeitpunkt wichtig, in dem Sein bedingungsloser Liebe zu sein. Euer Weg ist, euch an euer Eins-Sein zu erinnern. Doch vergeßt nicht, euer Weg geht durch die Dualität. Lernt, das Leben zu genießen, lernt, die Freude der Andersartigkeit in der Dualität anzunehmen, zu feiern, werdet eins mit ihr. Wenn ihr ein Meister der Dualität seid, wenn ihr lernt, die Dualität zu lieben, euch über sie zu freuen und eure Lebendigkeit zu spüren, werdet ihr unweigerlich eintreten in die Welt der bedingungslosen Liebe, werdet ihr euren Weg finden zu eurem wahren Sein.

Der Weg zu euch selbst führt nicht direkt von der Dualität weg nach "oben". Der Weg zu euch selbst führt euch durch die Erfahrungen und durch das Liebenlernen der Dualität zu euch zurück. Es funktioniert wirklich nicht anders. Ihr werdet nicht zur bedingungslosen Liebe finden, wenn ihr versucht, die Dualität zu umgehen, euch aus ihr zu lösen. Ihr könnt euch nur aus ihr erheben, indem ihr durch sie durchgeht. Indem ihr die Freude an der Andersartigkeit, der Individualität, auch die Freude an der Trennung entdeckt. Auch wenn euer Sein auf einer anderen Ebene immer bedingungslose Liebe ist, war und sein wird, - so ist es auf der Ebene, wo ihr euch mit eurem Menschsein identifiziert, wichtig, eben durch diese Dualität zu gehen und die Erfahrung der Dualität lieben zu lernen. Ihr seid in der Dualität mit diesem Aspekt eurer selbst, und es ist nichts Geringeres als eure Aufgabe, eben all diese Anteile des Menschseins - all den Haß, all die Liebe, all das Urteil, all die Bewertung und all den Schmerz lieben und annehmen zu lernen.

- Und gleichzeitig seid ihr niemals dieser Haß, diese Traurigkeit, dieser Schmerz und diese Angst. In Wahrheit seid ihr Liebe und reines Sein, und eine scheinbare Wahrheit ist euer Menschsein. Sie ist nur scheinbar. Vergeßt in eurem Leben die Freude nicht, die Freude über euer Menschsein, eure Dualität und über eure Andersartigkeit. Ihr Menschen, ihr Wesen, die ihr auf der spirituellen und geistigen Suche seid, ich möchte euch noch einmal daran erinnern, was wir an anderer Stelle schon sagten: - Die Weiterentwicklung und das Bewußtwerden eurer selbst ist in vielen von euch mit dem Bild harter Arbeit, angestrengtem Tun und Sein verbunden. Wißt ihr, sobald ihr losläßt und spielt, werdet ihr vieles lernen. Lernen und Weiterentwicklung müssen keine harte Arbeit sein.

Ein wichtiger Aspekt, den ihr oft vergeßt, ist das Spielen, die Freude und das Lachen. Wenn ihr zurückblickt und seht, ihr habt nicht gelacht, ihr hattet keine Freude, ihr habt nicht genießen können, dann hat euch etwas Wichtiges zu dieser Zeit, in der Vergangenheit oder in Zukunft gefehlt. Die Leichtigkeit und das Spiel sollten in eurem Leben ein wichtiger Bestandteil sein. Auch sie können euch erheben und führen in ungeahnte Bereiche.

Auch durch eure Freude, durch euer Lachen könnt ihr euch eins fühlen, könnt ihr ein Gefühl von Glückseligkeit empfangen.

Euer Wachstum und eure Bewußtwerdung sind nicht automatisch mit harter Arbeit gleichzusetzen, auch nicht mit einem strengen, genußlosen und enthaltsamen Leben. Nehmt das Leben, wie es ist und genießt und erfreut euch des Lebens. Aus unserem Blickwinkel, unserem Sein, ist es für viele Menschen wichtig, das Leben wirklich lieben zu lernen und Lebensfreude zu entwickeln - in vielen Momenten wichtiger, als euch geistig zu disziplinieren, geistig zu verändern. Nehmt ihr das Leben an und erfreut euch des Lebens, so werden euch unweigerlich die geistigen Welten eröffnet werden. Lebt euer Leben mit Freude und Genuß und einer gewissen Leichtigkeit.

Wir nehmen wahr, wie schwer es für euch ist, "Mensch" zu sein. Wir haben tiefstes Verständnis und tiefstes Mitgefühl für euren Schmerz, für euer Hadern, für eure Depressionen und für euer Fliehenwollen aus dem menschlichen Sein. Wirklich, ihr habt unser tiefstes Mitgefühl, und dennoch, lernt das Leben zu lieben und anzunehmen, auch mit dem Schmerz, auch mit dem Haß, auch mit der Wut, dem Neid und allen Aspekten, die in eurer Welt existieren - auch wenn die letztendliche Wahrheit Liebe ist und ihr euch in einem Teilaspekt eures Seins befindet. Werdet zu der Dualität eurer Erde, eurer Andersartigkeit, und in dem Moment erhebt ihr euch zu reiner Liebe.

Ein wichtiges Wort, eine wichtige Energie ist die Energie der Güte und Sanftheit. Ihr verurteilt euch so oft für eure "Fehler" und die der anderen. – Erkennt, es gibt keine "Fehler", weder von euch noch von anderen. Bestraft euch nicht für das, was ihr in euch und in anderen als Fehler anseht. Nehmt das, was ihr als "Fehler" seht, in Sanftheit und Liebe an. Seid gütig zu euch und sagt: „Ich bin dieser Mensch, mit genau dem, was ich in diesem Moment bin, und das ist in Ordnung." Seht euch in dieser alten, sanften und gütigen Weise in jenem Moment, als ob ihr ein Kind seht, das für einen Moment von seinem Weg abkommt und dem ihr vertrauensvoll und gütig zuschaut und vertraut, daß das Kind zurückfinden wird.

Güte und Sanftheit.
Güte und Verzeihen.

Fühlt die Energie hinter dem Wort
Güte   Güte   Güte

Fühlt die Energie hinter dem Wort
Sanftheit   Sanftheit   Sanftheit

Fühlt die Energie hinter dem Wort
Vergebung   Vergebung   Vergebung

Wann immer ihr hart zu euch selbst seid und euch verurteilt, versucht euch mit der Energie der Sanftheit und der Vergebung zu verbinden und diese Energie in euch einströmen zu lassen.

Vergeßt niemals - ihr seid geliebt! -
von euch und von allem, was ist, in jedem Moment.
Ihr müßt euch nur erinnern.
Es gibt nichts, das ihr jemals falsch gemacht habt.
Alles ist in jedem Moment vollkommen.
Liebet euch.

Ich kann euch reinen Herzens sagen: Wir lieben euch. Wir haben so viel Achtung und so viel Demut, so viel Liebe für eure Aufgabe in eurem Sein als Menschen, und wir sind nicht die einzigen. Es gibt derer so viele. In uns gibt es keine "Niedrigbewertung" eures Mensch–Seins, und ich möchte betonen: für keinen Aspekt eures Mensch-Seins, für kein Gefühl, für keine Erscheinungsform.

Betrachtet das Wunder eures Mensch-Seins in tiefer Liebe.
Letztendlich seid ihr wir und wir ihr.
Diese Trennung existiert nicht,
und dennoch wählen wir diese Form der Sprache,
diese Form der Verbindung.
Vertraut auf euch.
Erinnert euch an das All-Eins-Sein.

Wir sind so dankbar, mit euch in Verbindung treten zu dürfen. Ich möchte betonen, auch für uns ist es ein Geschenk, mit euch in Verbindung treten zu dürfen. Auch wir lernen durch euch, und unser Wunsch ist es, euch letztendlich zu euch zurückzuführen.

Betrachtet dieses Buch als eine Reise zu euch selbst. Laßt uns und euch frei sein. Wir sind keine Gurus. Wir haben kein besseres Wissen als ihr. Wir sind ein anderer Aspekt, der mit euch in Austausch steht, und das ist alles, was es zu sein hat; - nicht mehr und nicht weniger.

Wir danken euch für eure Aufmerksamkeit, für euren Wunsch, mit uns in Verbindung zu treten. Und wir danken euch für euer Vertrauen, für eure Skepsis und eure Offenheit. Wir danken euch für jedes Gefühl, für jede Verbindung, wie immer sie aussehen mag.

Dies ist zwar das Ende dieses Buches, - aber es ist nicht das Ende unserer Verbindung der bedingungslosen Liebe und der Tatsache, daß wir All-Eins sind.

Ich möchte im Namen von uns allen sprechen, die wir zu euch gesprochen haben. Andromeda Rex, dieser wunderbare Aspekt von Klarheit in gütiger Strenge, in liebevoller Autorität; Andonella, der Aspekt unendlicher Freude, Verspieltheit und Lachen, wie das Kind in jedem von euch, und dann ich, Andon Andromeda, euer Bruder und eure Schwester - Wir danken euch alle, da durch dieses Buch ein Teil unserer Energien mehr verankert werden konnte - dadurch, daß ihr euch erinnert; dadurch, daß ihr mit uns in Verbindung tretet, dadurch, daß dieses Buch lebt. Es sind nach außen hin Worte, doch dahinter erschließt sich eine ganze Welt der Energien.

Wir möchten euch, Guido und Barbara, danken, daß ihr uns eure Energien zur Verfügung gestellt habt. Wir möchten euch danken für all die Momente, für all die Stunden, die ihr mit uns in Verbindung getreten seid. Es war für uns nicht nur eine Aufgabe; es hat uns großen Spaß gemacht, mit euch zu kommunizieren. - Und wenn ich "persönlich", um in eurer Sprache zu sprechen, ein bißchen traurig bin, daß dieses Projekt nun zu Ende ist, so bin ich gleichzeitig voller Freude.

*Wir treten ein zusammen in das
rosafarbene Licht der bedingungslosen Liebe
und "verabschieden" uns mit den Worten*

Liebe	*Liebe*	*Liebe*
Freiheit	*Freiheit*	*Freiheit*
Liebe	*Liebe*	*Liebe*

Geht euren Weg in Liebe

A M E N

Über die Autorin

Durch die von Kind an nie erloschene Erinnerung an eine formlose Existenz in bedingungsloser Liebe empfand Barbara Vödisch das Leben in einem menschlichen Körper oft als unerträglich. Sie machte sich - aus dem Schmerz der nicht aufhörenden Sehnsucht nach Geborgenheit, Glück, Liebe und Lebensfreude heraus - schon sehr früh auf die Suche und fand immer mehr, wonach sie sich sehnte.

Auch heute noch gilt ihr Anliegen und ihre Sehnsucht der Heimkehr zur göttlichen Essenz auf Erden.

So ist es ihre Aufgabe, mit Unterstützung der geistigen Welt Menschen behilflich zu sein ihrer göttlichen Essenz mehr und mehr zu begegnen, sich immer wieder vom Schleier der Dualität zu befreien und das Göttliche im Alltäglichen zu leben.

Sie gibt Seminare, Vorträge und Einzelsitzungen und ist über folgende Anschrift erreichbar (bitte Anfragen mit frankiertem Rückumschlag):

Barbara Vödisch
Postfach 1333
83203 Prien a. Chiemsee